「強い心」を身につける1日1分の習慣

A daily one-minute habit to
make you strong of mind

匠　英一
［監修］

青春出版社

監修の言葉に代えて――

ストレスの原因をストレッサーといいますが、たとえば、この世に生まれてきたばかりの赤ちゃんにとって五感で感じ取るすべてのことはストレスになります。しかし、このストレスも赤ちゃんにとっては必要なものなのです。

つまり、人は生を受けた瞬間から死を迎えるまで、ストレスと上手につき合って生きるしかないともいえるわけです。

職場の人間関係に悩んだり、時には会社の都合でリストラに遭うかもしれません。あるいは、金銭面で困窮したり、最愛の人に突然先立たれることもあります。人は多かれ少なかれ、誰でも何歳になっても問題を抱えるものだし、悩みだせばきりがないのです。

しかし、そのたびに頭を抱えたり、自暴自棄に陥ってしまっては何も解決できず、いつまでたっても未来は見えないでしょう。

そんな「1億総ストレス社会」を生き抜いていくためには、なによりもまず「しなやかな心」を持つことが大切です。

鉄のような強さではなく、柳のような「しなやかな心」であり、それを持つ方法がわからないという人もいるかもしれませんが、出口を見つけるのはあなた自身であり、それを望む気持ちさえあれば誰でも可能なのです。人は生を受けた瞬間にストレスと戦い始めているわけですから。

ストレスの原因は百人いれば百通りあります。今のあなたの心を苦しめているのは憎しみや悲しみだったり、怒りや不安といったマイナスの感情だったりします。だったら、それがいつの間にか大きくなって取り返しがつかなくなる前に、ひとつずつ取り除くか、逆にチャンスになるように利用すればいいのです。

いずれにしても、落ち込んだ心を立て直す方法や、ピンチを乗り切るための上手な〝心の法則〟を知ることがもっとも大事なことです。

自分の感情をうまくコントロールすることでそれまでギクシャクしていた人間関係が劇的に変わるかもしれません。ときには、今までの人生を思い切って１８０度ガラリと変えてみるのもいいでしょう。

本書には、そんなちょっとした「しなやかな心」を身につけるコツが書いてあります。仕事からお金、人間関係、老後のことまで、１日１分読むだけでマイナスの感情をプラスのエネルギーに変えられるはずです。

自らの道を切り開く力は、あなたがその真実をただ〝素直〟に見ようとすればよいのであって屁理屈は不要なのです。

本書がそのような「しなやかな心」へのきっかけとなることを願ってやみません。

２０１１年７月吉日　　匠　英一

#「強い心」を身につける1日1分の習慣◆目次

● カバー写真提供 アマナイメージズ
(c) PHOTOLIFE/a.collectionRF/amanaimages
● 本文イラスト 坂木浩子
● 本文図版作成・DTP ハッシィ
● 図版レイアウト やまだ たかこ
● 制作 新井イッセー事務所

本書の使い方

本当に強い心を身につけるために

ただの強がりではない本物の強い心を身につけるためには、まず自分の弱さから目をそらさないことが大切だ。自分の弱い部分をはっきりと自覚したうえで本書をめくっていけば、心を強くするためのヒントにたどり着くことができるだろう。

勇気を持って自分の弱さを知る

↓

ダメな自分と向き合う

↓

自分自身を分析する

↓

「弱い自分」に打ち克つための心理テクニックを実行する

「自分」のことをどれだけ知っていますか？

自己整理術

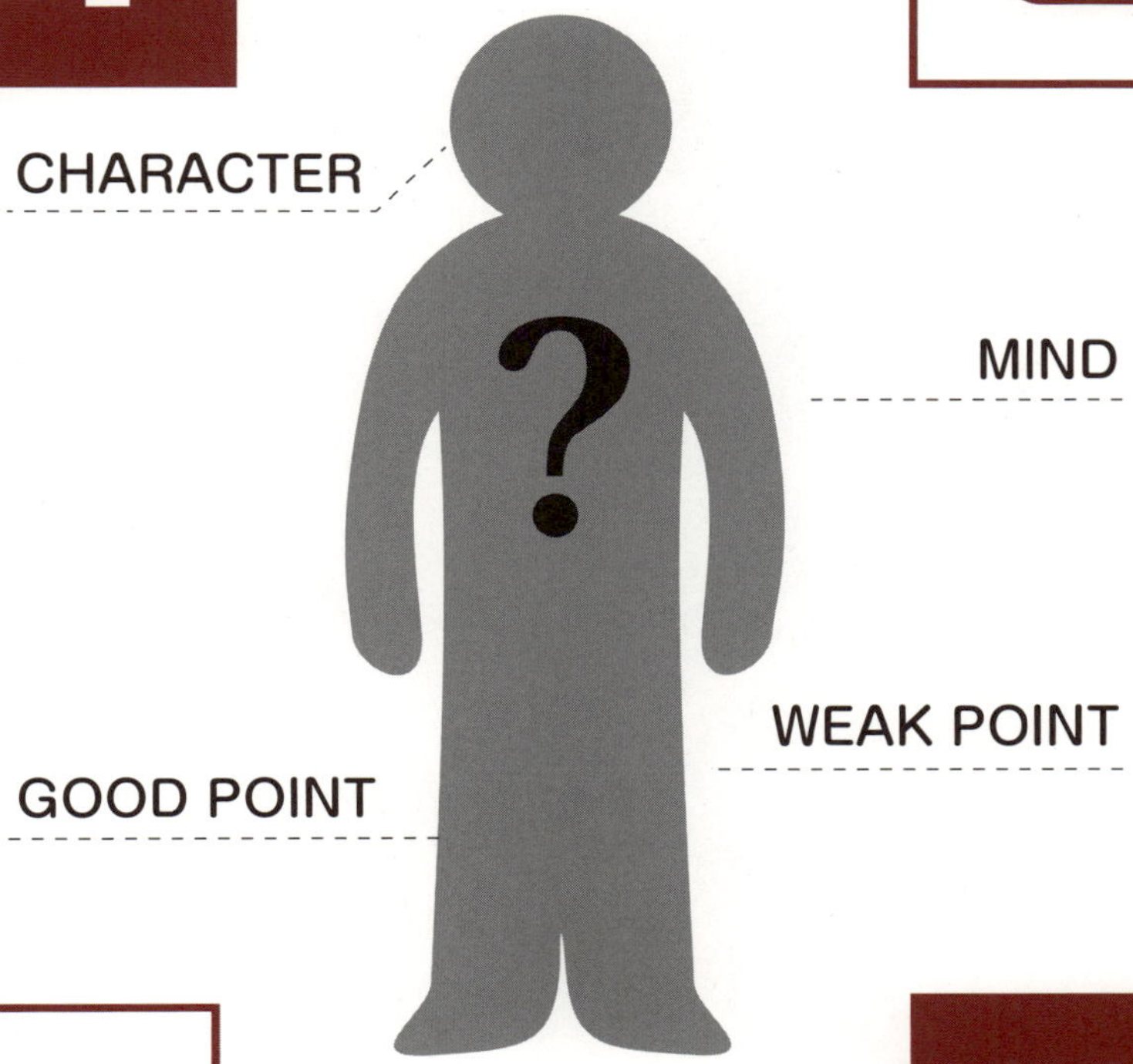

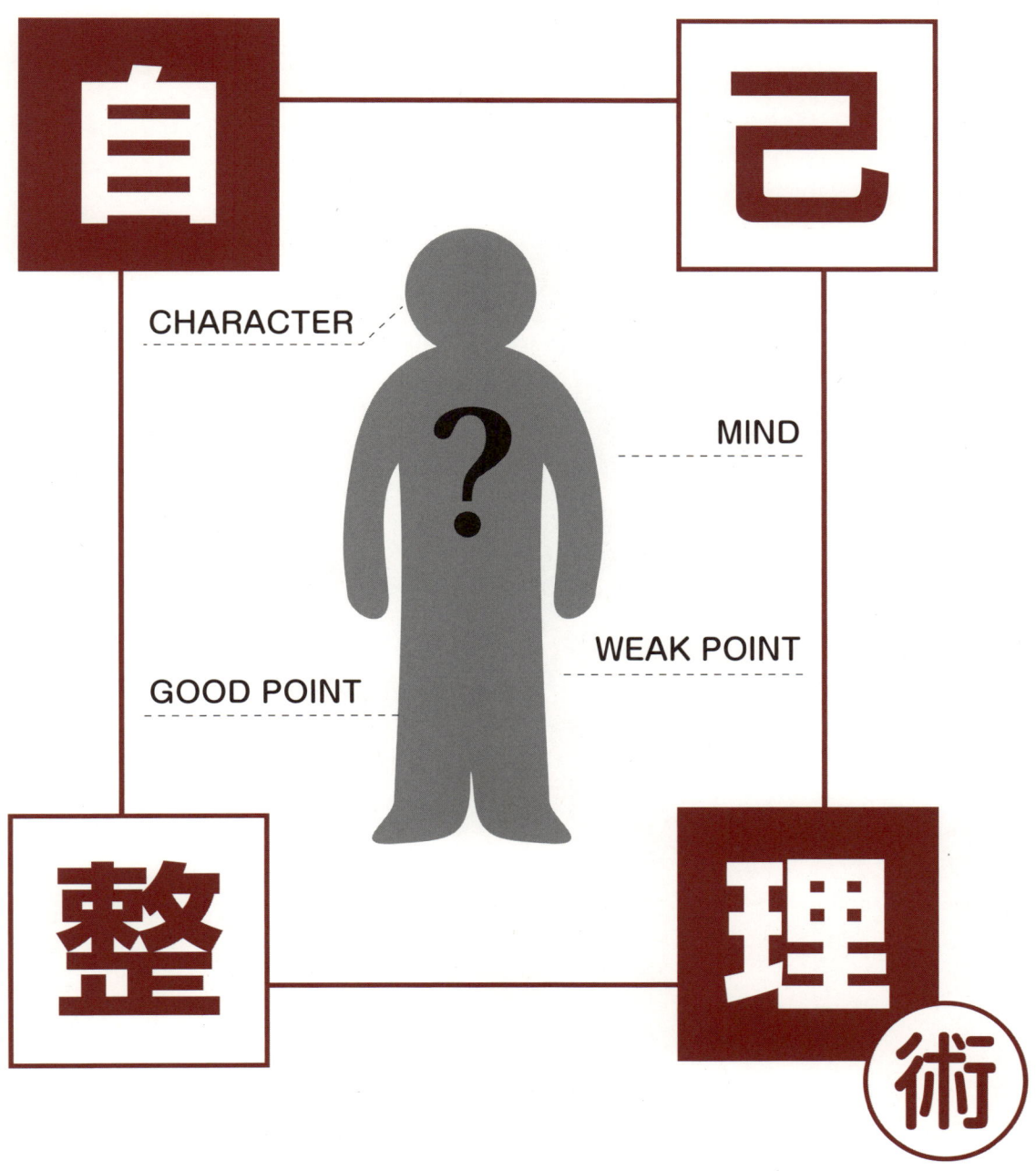

過去の自分

子供のころに自分は何を考え、どんなことをしていたかを書き出してみよう。

記憶の中にある一番小さかった時の自分は、どんな子供だった？

小学生、中学生、高校生のときに夢中になったことは？

小

中

高

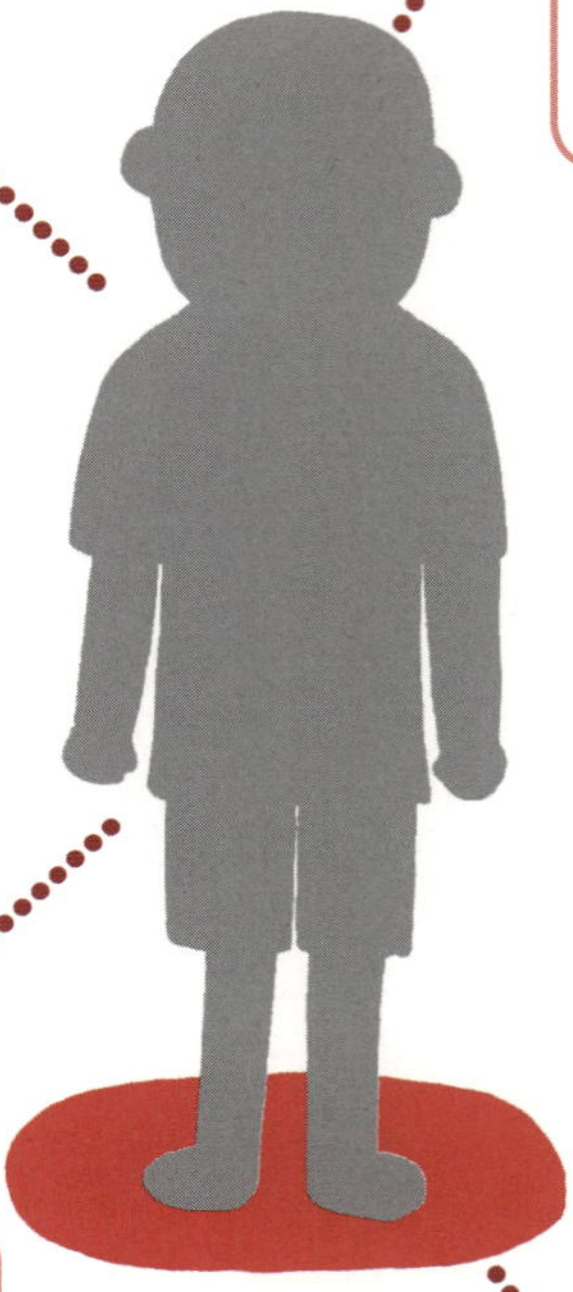

中学生、高校生のころの生活は？

中

高

子供のころの自分が目の前に現れたとしたら、何と声をかけたい？

子供のころ、もっとも真剣に悩んだことは？

現在の自分

現在の自分に目を向けて、何を思い、何を考えて日々を暮らしているのかを再認識してみよう。

7年前の自分と比べてもっとも変わったところは？

今、一番困っていることは？

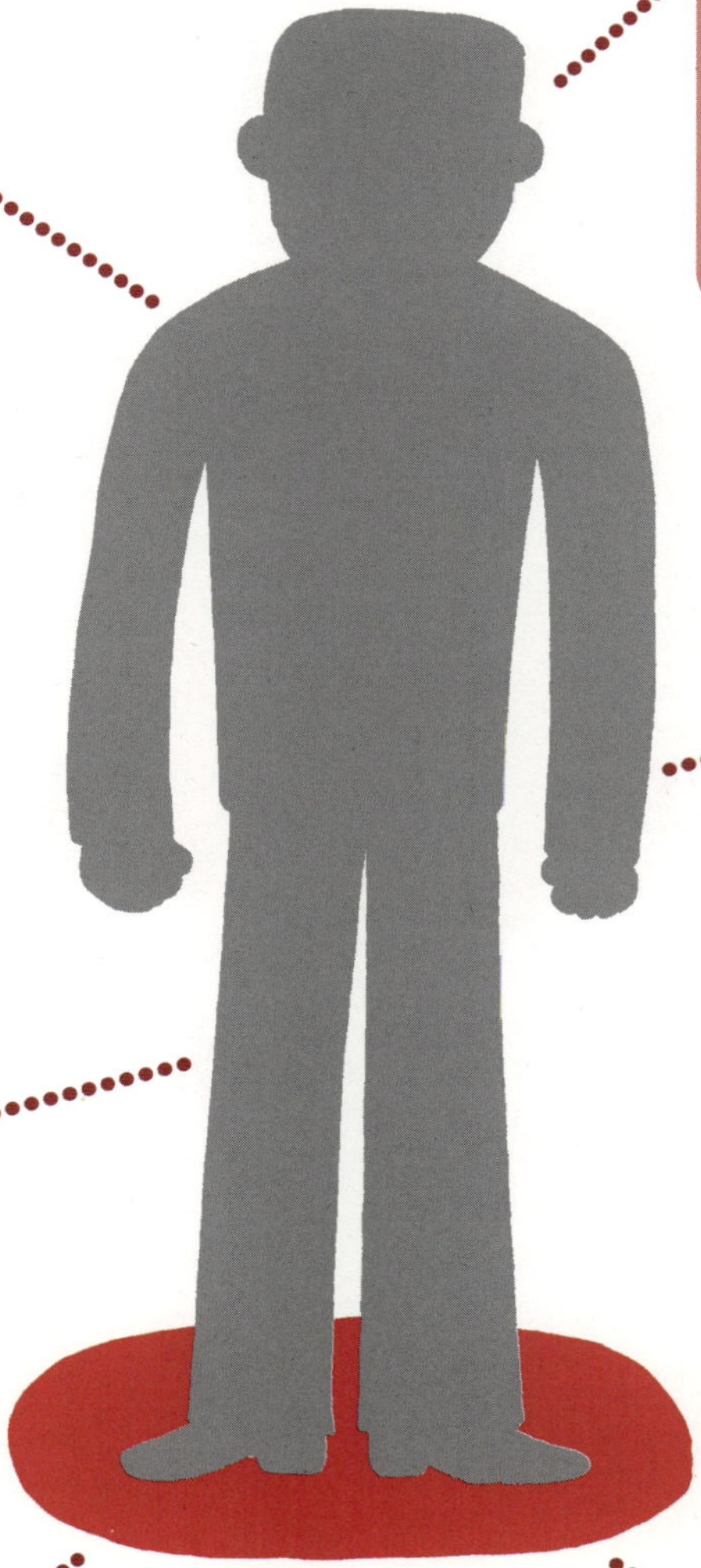

今、一番の関心事は何？

最近、もっともうれしかった出来事は？

3年後の今ごろ、自分はどこで何をしていると思う？

あなたの宝物は何？

「過去の自分」と「現在の自分」を比較して気づいた「好きな自分」、「誇れる自分」、「恥ずかしい自分」、「嫌な自分」を書き入れてみよう。

好きな自分

誇れる自分

恥ずかしい自分

嫌な自分

自分自身を整理できたら、「強い心」を身につけるノウハウへ GO ！

STEP 1

落ち込んだ心を立て直す心理術

自分の「キャパ」以上に頑張らないコツ

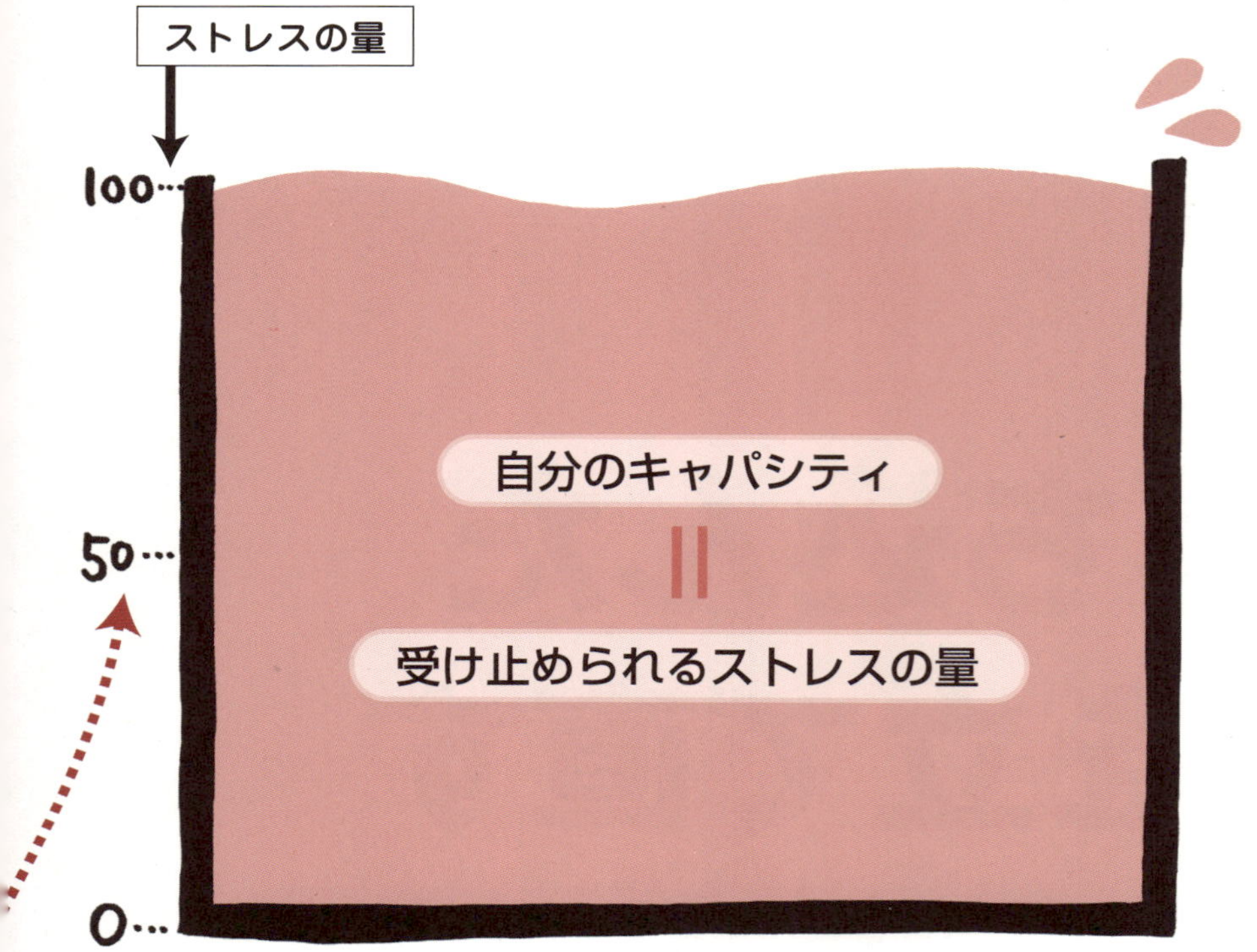
ストレスの量
100…
50…
0…
自分のキャパシティ
=
受け止められるストレスの量

なぜキャパを越えてまでがんばってしまうのか？

↓

「人に嫌われたくない」という心理

断ると相手を嫌な気持ちにさせるかも…

参加しないとつき合いづらい人だと思われそう…

同意しないと場の雰囲気が乱れそう…

自分の評価が下がるのが恐い!!

いちいち相手の反応を気にしない

　頼み事をされたときに、そんなヒマはないのについ引き受けてしまってはいないだろうか。はっきり「NO」と断ればいいものを、口ごもっているうちに無理やり押しつけられてしまって後悔するのだ。

　このように、きっぱりと拒絶の態度を示せないのは、相手の気持ちを考えすぎるからだ。「自分が断ったら困るかも」と、相手の反応が気になって断わることができないのだ。

　しかし、万事がこの調子で何でも頼まれ事を聞いていると、いつかはやらなければならないことが山積みになり、自分で自分の首を絞めてしまう。そうなると、相手との約束を守れないうえに自分自身が追い詰められてしまうことになるのだ。

　頼み事をされると断れない人に共通しているのは、「人から嫌われたくない」という意識が強すぎることだ。

　好きな人から嫌われたくないのは当然としても、すべての人に嫌われないように「いい人」を続けていると、しだいに自分が疲れてきてしまう。

　そうなると、人間関係そのものがだんだんと面倒になってくる。せっかく関係をよくしようと思って引き受けたことがかえって逆効果になってしまうのだ。

　そこで、自分のキャパを超えてつい何でも引き受けてしまうという人は、まず誰からも好かれたいという考え方をやめてみることだ。もし断ったことがもとで嫌われたら、相手の度量が小さいのだと割り切ればいい。

　それに、ほとんどの場合は頼み事を断わったくらいで心底嫌われることはない。はっきりとNOと言えるようになれば、ストレスを抱え込むことはないし、なによりよりよい人間関係を築けるようになるはずだ。

勇気が出るキーワード

- 世の中には万人から好かれている人などいない
- 少し断ったくらいで嫌われることなどない
- 断ったくらいで嫌われるような人間関係ならなくてもいい

ストレスの量が半分を超えたと感じたら

「断る勇気」

を持つ

「いい人ぶって疲れてしまう人」が楽に生きるためのルール

　いい人と思われたいがために、最初にいい顔をしてしまい、いつまでたってもその仮面がはずせなくなることがある。そんなときは、自分の限界をわかってもらえるように「今日はできそうにないのですが…」などと少しずつ本音を小出しにして、相手に与える自分の印象を変えていくといい。いい顔を続けるよりずっとラクになるはずだ。

孤独な自分とサヨナラする方法

早く新しい職場に
馴染まなくては…
友人もつくりたい…

焦る気持ちが強いと陥りやすい失敗パターン

新しい環境

まずは話しかけて自分に似た人を探そう

引っ越しや転職などで自分を取り巻く環境が新しくなると、そこに慣れるまでにはそれなりに時間がかかるものだ。それがもともと友達をつくるのが苦手な人だと、なおさら親しく話せる人を見つけるのは大変だろう。

だが、そういう人はあまり真剣に友達づくりを考えないほうがいい。「いきなり話しかけたら厚かましく思われるかな」とか「こんなことを口にしたら相手が引くかも」などと気を使いすぎるために、ますます人間関係を築くのが面倒になるからである。

それよりも、相手にどう思われるかは二の次にして、とりあえず自分の周りにいる人たちにいろいろと話しかけてみよう。それを新しい環境に慣れるための第一歩だと考えるのだ。

すると、そのうちに「自分と共通点の多い人」がひとりやふたりは見つかるはずだ。

たとえば、食べものや服の好みが似ている人や、「高校時代にサッカー部だった」とか「結婚していて小さな子供がいる」といったことがわかってくる。

共通点が多い人や自分と似た感じの人とは自然と会話も弾み、お互いに心を開きやすい。

自分を周りに同化させようとする

・周囲を意識して会話や行動を合わせる
・周りの雰囲気から浮かないような服装に気を配る
・できるだけ“自分”を押し殺す…

自分が見えなくなり、ストレスが溜まる！

心を解放するためには

“自分”は変えない！

ありのままの自分と合いそうな人（境遇や趣味などに共通点がある）を見つける

類似性の要因

共通点が多い人とは互いに好感を抱きやすく親しくなりやすい

これは「類似性の要因」というもので、共通点が多ければそれだけ相手に好感を持てるためにより友達になりやすいのである。

似ている点が多い相手なら無理して会話を合わせる必要もないし、共通の話題で盛り上がっているうちに、気がついたらいつの間にか竹馬の友のようになっていることも多い。

心をオープンにして自分のことを周囲に話していけば、同じ思いを持っていたり似た境遇にある人がそのうち話に乗ってくる。何も気負わなくても、自然と友達が増えていくはずだ。

弱点の克服より、「強み」を伸ばすことに意識を向ける

まじめな人ほどとかく「弱みを克服しなければ」と考えてしまい、それができない自分を責めてしまいがちだ。そんなときは、得意なことや好きなことを紙に書き出して自分の長所を探し出してみよう。すると、自分にはこんな“得意技”があるじゃないかと自信がつく。弱点の克服ばかりを考えずに、むしろ得意技を伸ばすことに意識をシフトできるはずだ。

ストレスになる感情をコントロールする技術

トラブルが発生したときに湧き起こる感情

なぜ、事前にもっと確認しておかなかったのだろう…
大トラブル発生！
こんなにやっているのに、なぜわかってくれないんだ！

怒りを爆発させてしまったことへの後ろめたさで苦しくなる ＝ **強いストレスになる**

こんなときは…

①怒りを無理に封じ込めない
②「この状況なら怒るのはもっともだ」と自分を正当化する
③気持ちが落ちついてから対処法を考える

トラブルを起こしてしまったことへの後悔や、何もかも投げ出してしまいたい気持ちとの葛藤で苦しくなる

＝

強いストレスになる

こんなときは…

①このトラブル処理から逃げ出すわけにはいかないと腹をくくる
②逃げ出さずに何とか手を打とうとしている自分を褒める
③自信を取り戻してから対応策を考える

自分を認め、褒めて心の回復を待つ

仕事でトラブルが発生したり、恋人と大ゲンカをしたとき、人はカッとなるか沈み込むかのどちらか一方になるものだ。

自分が「こんなにしているのに、なんでわかってくれないんだ!」と激高するか、「あのとき、きちんと確かめてさえおけば、こんな状況にはならなかったのに」と落ち込んでしまうのである。

そんなときは、自分の心をどうコントロールすればいいのだろうか。

まず、激しい怒りを感じたときには誰しも自分に後ろめたさを感じてしまい、感情そのものを無理に抑え込もうとする。

だが、そうすることによってかえってストレスは大きくなる。そこで、怒りを無理に自分のなかに閉じ込めようとするのではなく、「こんな状況なら自分が怒るのはもっともだ」と自分を正当化して認めてあげるのである。

そうすれば、激怒したままの自分自身をいつまでも責めることもなくなる。こうして気持ちを少し落ち着かせたところで、目の前にあるトラブルにどう対処するべきかを冷静に考えればいいのだ。

一方で心が沈んでいるときというのは、現実問題としてそれを投げ出すわけにもいかないとわかっていながらも、すっかりあきらめモードに入ってしまい、何もかも投げ出したいと思うようになっている。

そんなときには、その場から逃げ出さずに打開策を必死で考えている自分をとにかく褒めてあげるのだ。すると、徐々に落ち着きを取り戻せるようになり、反省点や次に進むべき道筋が見えてくる。

いずれにしても、ストレスを感じている自分を責めずに、うまくなだめて前向きな気持ちを引き出すことで心の回復につながるのである。

イライラしたときに思い出すと楽になるキーワード

「他人と過去は変えられないが、自分と未来は変えられる」という言葉がある。他人の言動にイライラしてエネルギーを使うのはムダだということだ。つまらないことにいらついているなと感じたらこの言葉を思い出し、自分の未来をよりよく変えることだけに専念するようにしたい。

燃え尽きた状態から抜け出すにはどうするか

今までは、あんなに
バリバリ働いてきたのに…
バリバリ
やる気が
起こらない
眠れない
体調が悪い
人間関係が
うまくいかない
だるい
仕事でミスが多い
このような兆候が表れたら
「燃え尽き症候群」かもしれない

まずは、理想と現実は違うことを受け入れる

今まで仕事を精一杯頑張ってきたのに、最近は何をやってもうまくいかない、無力感がつきまとう……。こんな人は「燃え尽き症候群」かもしれない。

それまでバリバリ働いていた人が突然の異動やリストラ、仕事の失敗などにより、めざしていた成果が得られなかったときなどに陥ってしまう症状である。

この兆候が出始めると、会社に行くのが嫌になったり、仕事に対する意欲がなくなるだけではない。不眠症やウツ、体調不良といった心や体の病気を引き起こすこともある。

もし自分にこのような兆候が表れたら、仕事人間だった自分を少し見つめ直してみるといい。

燃え尽き症候群になる人は、仕事や自分に対して理想を高く持つ傾向がある。そのため、ふとしたきっかけで理想と現実にギャップが生じると「こんなに頑張ってきたのに」と落ちこんでしまい、そこから抜け出せなくなるのである。

そうならないためにはまず、理想と現実はそもそも違うのだとしっかり認識することで

ある。

そして、ありのままの現実を受け入れ、今の生活がどうすればよりよくなるのかを考えてみるようにしよう。

そうすれば、理想ばかりを追っていたときには見えなかった大切なことや楽しいことがきっと見えてくるはずだ。

現実の生活が充実すれば、また新たに仕事への意欲も湧いてくる。そうすれば、この次は〝燃え尽きない程度〟のやりがいを持って、仕事に取り組むことができるだろう。

理想の自分を無理に追い求める「青い鳥症候群」の謎

童話「青い鳥」のチルチルとミチルが“幸せの青い鳥”を求めて森をさまようように、理想の職場を求めて何度も転職を繰り返したりすることを「青い鳥症候群」という。しかし、職場を変えたからといって自分が求めているものが見つかるとは限らない。それよりも、今の環境で仕事を楽しめるように工夫したほうが充実感が得られることもある。童話の結末と同じように、探し回らなくても青い鳥は意外と目の前にいるかもしれないのだ。

「以前のような自分に戻りたい」と頑張るのは逆効果

燃え尽きてしまった自分を立て直すには

①高い理想を追いかけて頑張り過ぎていなかったか、じっくりと振り返ってみる

②理想と現実は違うことをしっかりと認識する

③ありのままの現実を受け入れ、今ある生活を充実させる

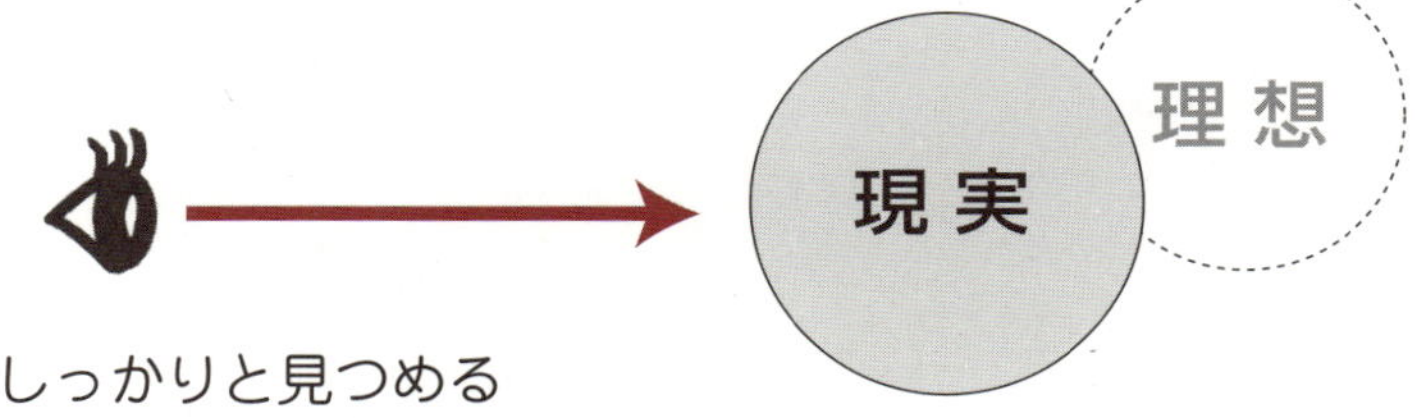

自分を「ダメ人間」だと思う人のナゾ

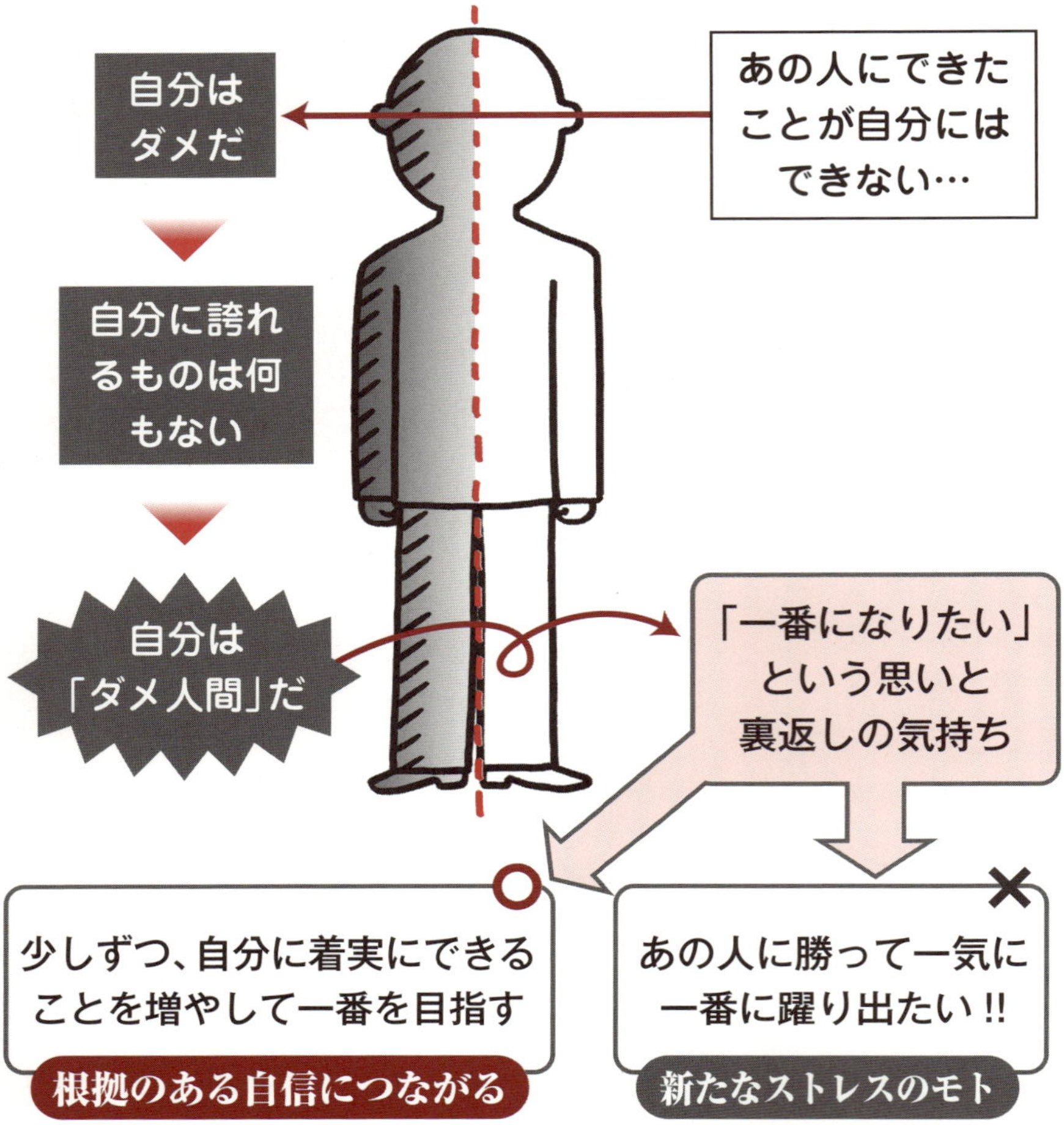
あの人にできたことが自分にはできない…
自分はダメだ
自分に誇れるものは何もない
自分は「ダメ人間」だ
「一番になりたい」という思いと裏返しの気持ち
少しずつ、自分に着実にできることを増やして一番を目指す
根拠のある自信につながる
あの人に勝って一気に一番に躍り出たい!!
新たなストレスのモト

否定的な心の裏側にある向上心を刺激する

自分にはできなかったことを、他人がいとも簡単にやり遂げたりすると、つい「自分はやっぱりダメだ」と落ち込んでしまったりする。

本来、ひとつやふたつの結果を見てその人の人格まで決めつけることはできないのだが、自分を否定しがちな人というのは、ダメだという気持ちが強いあまりに「自分ができることなんて誰にでもできることだ」と自分を過少評価してしまうのだ。

だが、そこにそんな否定的な自分を打ち破るカギがある。それは、当たり前のことができても自慢にならないと思っている心の裏には、「誰もできないことができると嬉しい」とか「一番になりたい」という強い向上心が隠れているということだ。このプラスの気持ちをうまく利用すれば、否定的な自分から抜け出すことができるのだ。

ただし、「一番になりたい」という過度な希望は封印しなくてはならない。低いハードルをひとつずつクリアして、自分だけの得意分野を確立させることができれば、そのときはもう自分をダメ人間だなんて思わなくなるはずだ。

「感謝」の言葉に宿るすごいパワーとは？

7:00
大事な会議があるのに
寝坊した!!
激しい落ち込み
自分は
もう
ダメだ…
もうダメだ！
取り戻せない！
最悪だ!!

でも、今からならまだ半分は出席できる。この時間に起きられて「感謝！」

これからは、遅刻をして肩身の狭い思いをしたくないと心から思えた。「感謝、感謝！」

どんな時でも感謝の気持ちが持てる自分は「恵まれている」

＝

「自分には価値がある」

こじつけでもいいから「感謝」を探す

小さいころから「どうせできっこない」と言われて大人になった人は、自分の成功を信じられなくなるという。

なぜなら、今まで経験してきた失敗を積み重ねて、心の中に「メンタルブロック」をつくってしまうからだ。このメンタルブロックが形成されると、前向きな気持ちをあっさりと否定するだけでなく、ひとつでも嫌なことがあると、すべてを悪い方向へ考えてしまうようになる。

たとえば、大事な会議の日に朝寝坊をしたとしよう。すると「何もかも終わりだ」とまで考えはじめ、しまいには「結局、自分は何をやってもうまくいかないんだ」と自分で自分を追い込んでしまう。

そこで、こんな気持ちに少しでもなったことのある人は、自分を否定する前に「感謝」の言葉を探してみよう。

「寝坊はしたが、電車の乗り継ぎはスムーズだったから電車に感謝」とか、「反省する機会になったから遅刻に感謝」などと、ややこじつけでも物事をポジティブにとらえるのである。

どんな悪条件のなかでも、感謝の言葉を探すことができれば、自分はラッキーな人間だと思えるはずだ。そんな自分を幸せだと思えれば、いつしかメンタルブロックは消えてなくなるだろう。

苦しくても継続できる人のモチベーションの秘密

こんなにがんばっているのに

手を尽くしてもうまくいかない状態に陥ったとき

やり続けられる人

投げ出してしまう人

“今”の辛い状況だけに埋没してしまい、先が見えない状態

いきなりダッシュするのは失敗のモト

「継続は力なり」とはもっともな言葉だが、多くの人にとってこの言葉の持つ意味が悩ましいのはそもそも継続自体が難しいからだ。

　では、一度始めたことを続けるためにはいったいどうすればいいのだろうか。たとえば、最近流行りのランニングを例に考えてみよう。

「やり続けられる人」のモチベーションとは

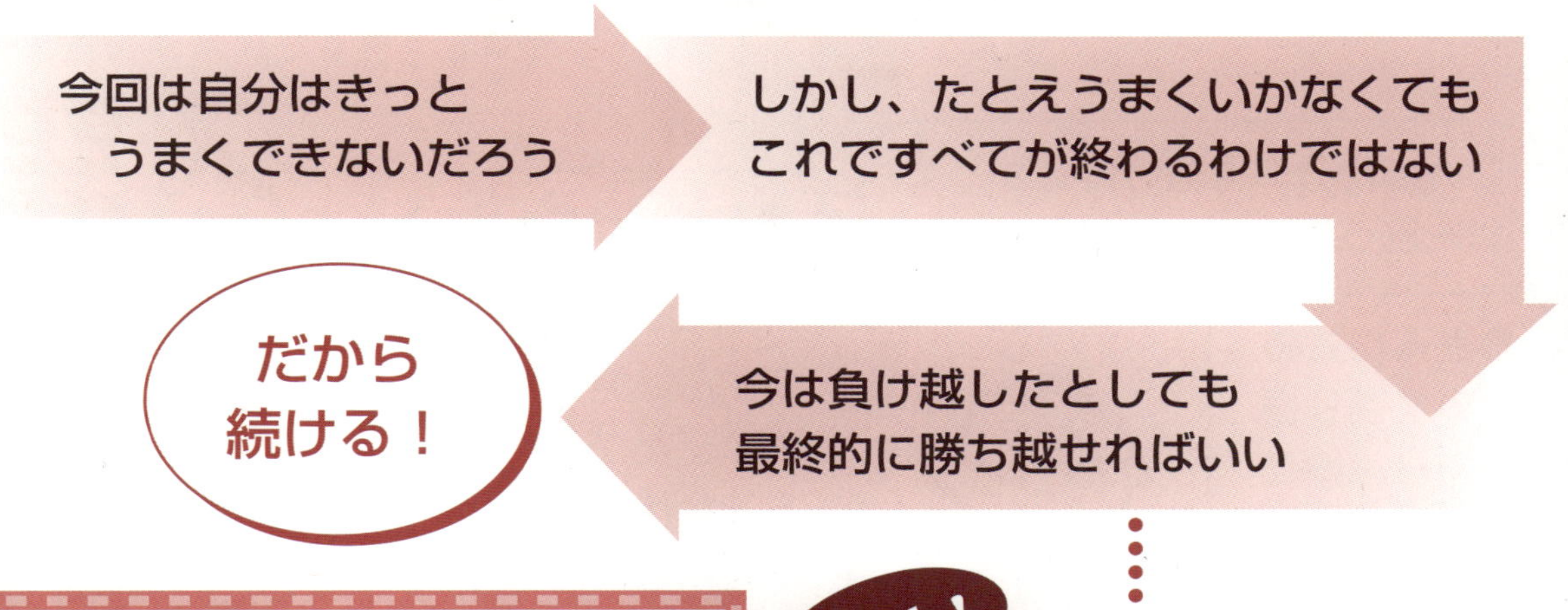
今回は自分はきっと
うまくできないだろう
しかし、たとえうまくいかなくても
これですべてが終わるわけではない
今は負け越したとしても
最終的に勝ち越せればいい
だから
続ける！

自分が失敗するときに共通する“パターン”に自覚はあるか

　何をやっても上手くいかない、長続きしない…。そんなダメな自分から卒業するためには、自分の“失敗パターン”を自覚することが大切だ。たとえばいつものパターンにはまり出したら、怠け心に喝を入れたり、張り切りすぎている自分にブレーキをかけるなどして早めに自分をコントロールすればいいのである。

ヒント！

成功者の自叙伝を読む

世の成功者と呼ばれる人物は、どんな苦境に立たされても、「継続」できたからこそ成功できたのである。彼らの自叙伝にはモチベーションが高まるヒントが散りばめられている。

自叙伝

ランニングを習慣にしようと思うなら、まずは短い距離でもいいからとにかく自分のペースで毎日走ることだ。そうして無理なく続けていけば、少しずつ距離を伸ばすことができる。

　なのに、つい張り切りすぎて最初の日から長距離を走ってしまって苦しい思いをする。すると、あんな思いをするのは二度とゴメンだという心境になり、三日坊主で終わってしまうのだ。

　仕事や人生にしてもこれと同じで、あまりに厳しいノルマを自分に課してしまうと、すぐに息切れしてしまう。

　ましてや、仕事の場合はランニングのように自分でペースを決められるものでもない。どんなに必死になっても成果が出ないときだってある。そんなときにただガムシャラに頑張ってもヘトヘトに疲れてしまうだけで、努力すること自体が嫌になってしまいかねないのである。

　重要なのは、仕事も人生もけっして短い期間で完結するものではない、と大局を見ることだ。たとえ今は負け越していたとしても、最終的には勝ち越せるように自分のペースを守り続ける。それがスキルアップするための近道なのだ。

空気を読みすぎる人がストレスを抱えるワケ

これは自分の得意分野だが、それを言うと空気を乱すかも…
Aさんはリーダーをやりたがってそう…
Bさんにこの仕事を割り振ったら、嫌がられるだろうか…
Cさんは控えめなタイプだから、裏方的な仕事のほうが喜ばれるかも…
ああ、忙しい
Aさん
Bさん
Cさん

空気を読む、波風を立てない

＝

「和」？

角が立たない人間関係を重視する安全思考な人が陥りやすい勘違い

いつも言いたいことや、やりたいことをガマンしているのでストレスが増大する

本来の「和」の意味を大切に

日本の社会には昔から「和」を重んじるという風潮がある。昔から、できるだけ角を立てずにみんなで仲良くすることが、美徳とされてきたのだ。

だが、それをあまりにも意識して暮らしていると、自分を抑えすぎてストレスを抱え込んでしまう。いつも場の雰囲気を乱さないように腐心するあまり、言いたいことのひとつも言えず、人間関係を窮屈にしてしまうからだ。

そもそも、この「和」という言葉は、あの聖徳太子が定めた十七条憲法に納められた「和を以って貴しとなす」からきている。

これは、仲良くすることが貴いといっているように解釈されがちだが、じつは違う。

本来は、相手の立場を理解しようとしてきちんと論じ合えば、物事は必ずうまく解決していくということを意味している。

さまざまなこだわりを捨てて議論することで、はじめて和や道理を得ることができると説いているのだ。

空気を読みすぎるあまり、無理矢理、自分の思いにフタをしてしまっては本当の交流とはいえないし、逆に人間関係をギクシャクさせてしまう。人の意見を聞きながらも自分の思いをしっかり口にしてこそ、人間関係の醍醐味が味わえることを覚えておこう。

「嫌われたくない」気持ちは、他人に好かれない第一歩！

人からよく思われたいという心理を「承認欲求」というが、この欲求が強くなりすぎるとかえって人から嫌われることになるので気をつけたい。なぜなら、「常にいいところを見せていたい」と考えるようになると何でも「ハイハイ」と安請け合いしてしまい、すべてのことが中途半端になってしまう。結局、“口だけの人”という烙印を押されてしまうのである。

すべての人からよく思われたい

↓

“口だけの人”と評価される

↓

自分自身をも嫌悪するようになる

本当の「和」とは
この場に関係のないこだわりを捨てる
自分の気持ちは「意見」としてはっきり伝える
よく話し合う
さまざまな人の意見に耳を傾ける

ネガティブな感情は「数値化」してみよう

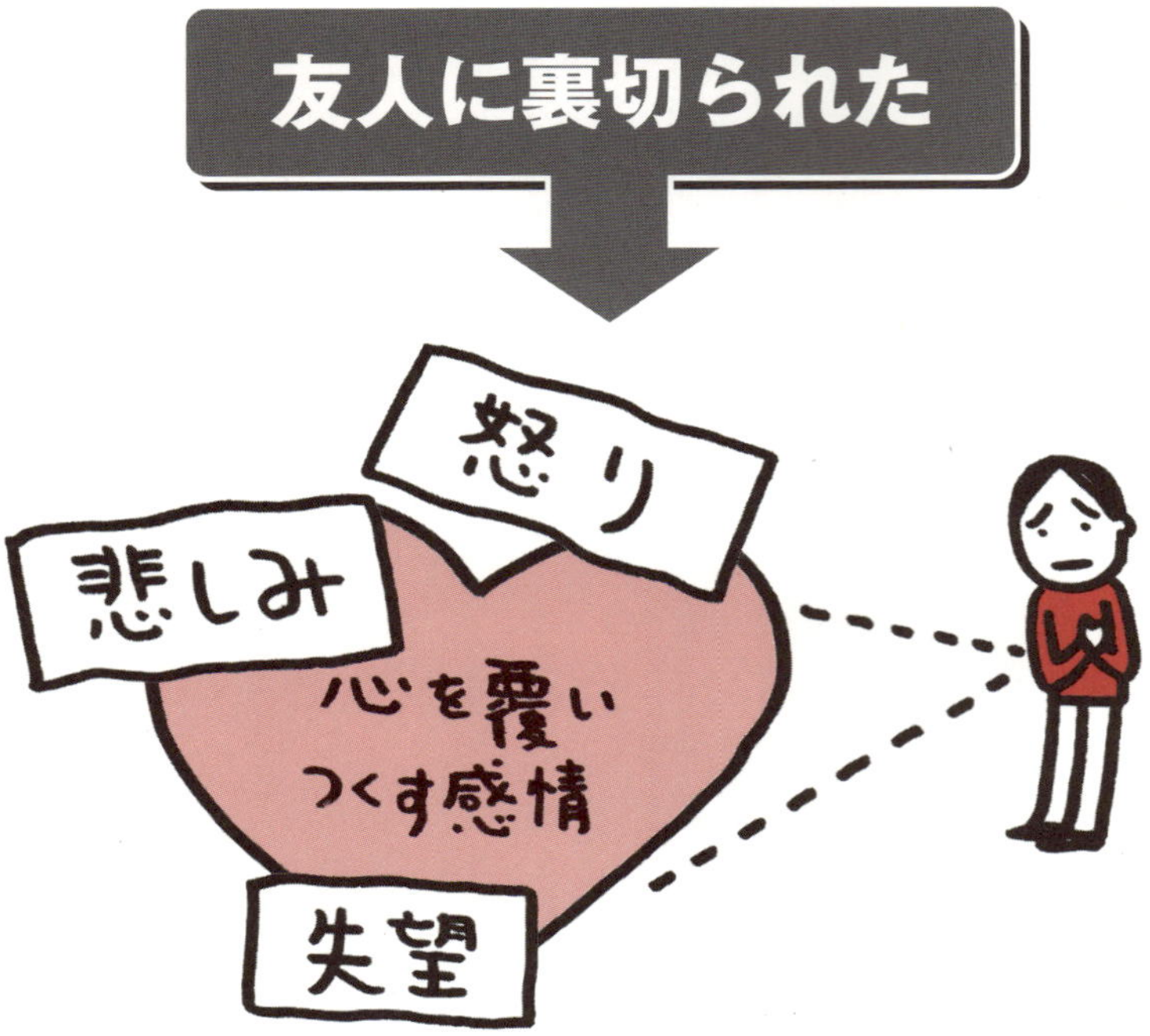

ネガティブな感情に押しつぶされそうになったときは

感情を数値に置き換えて紙に書き出す

怒り……80%
悲しみ…90%
失望……75%

STEP 1

過去に感じた同じ感情の最大の度合いを100%として数値化する

数値は心を癒す薬にもなる

人の気持ちは数字で推し量ることはできないが、ストレスやプレッシャー、不安や怒りなどのネガティブな感情を処理するときには数字が役に立つことがある。

人がショックを受けたときには、その感情の中にはいくつかの「思い」が混在しているものだ。たとえば、友人だと思っていた相手に裏切られたときに心中によぎるのは、怒りや悲しみ、失望などだろう。そこで、それを数値で表してみるのだ。

「怒り＝80パーセント、悲しみ＝90パーセント、失望＝75パーセント」

それぞれの割合の算出のしかたは、まず過去に感じたその感情の最大の度合いを100とする。そして、それと今の感情を比較して紙に書き出してみるのだ。

次に、それらの出来事をできるだけポジティブにとらえてみる。「本当のことを私に言いづらかったのか」「私を気遣えないほど、焦っていたのか」「好んで私を裏切るはずがない。何か理由があるのでは？」などと考えてから、もう一度心の中に浮かんだ感情を整理して書き出してみる。

すると、最初に書き出した3つの感情の数値は、いずれも減少しているのではないだろうか。

「怒り＝50パーセント、悲しみ＝60パーセント、失望＝30パーセント」

たとえ少しずつだとしても、こうして書いてみると気持ちが楽になっていることを実感するだろう。書くことで数字が低くなっていることを目で見ることができるからだ。

しかも、数値化することで気持ちの微妙な変化を感じとることができる。ネガティブな感情がいきなりゼロになるわけではないが、改善の兆しが見えたら気持ちはずっと軽くなるだろう。一見、無味乾燥に思える数字も、使い方によっては心を癒す妙薬になるのである。

数値が減れば心はグッと軽くなる

STEP 3

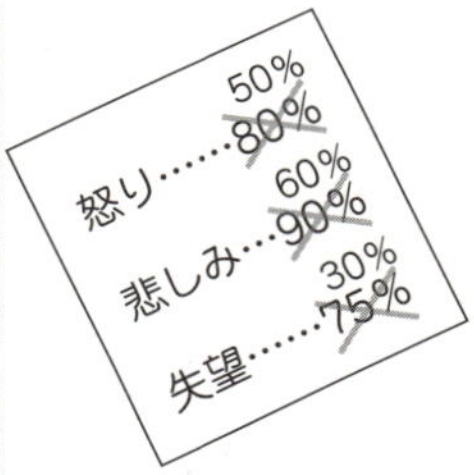

感情を整理して、もう一度紙に書き直す

STEP 2

友人がなぜ自分を裏切るようなことをしたのか、できるだけプラスのイメージで考える

正しい判断ができなくなる「スキーマ」の怖さとは？

同じ絵や映画を見て、「すごい」と感動する人がいれば、「気持ち悪い」と敬遠する人もいる。これは人の判断基準が、生まれてから今までの経験や記憶がベースとなっているからだ。この思考や認識の枠組みを「スキーマ」と呼ぶが、これを重視しすぎるとひとりよがりになって正しい判断ができなくなってしまうことがある。自分ひとりの直感や第一印象だけに頼らず、客観的に物事を見る目を養いたい。

コラム

ちょっとした不満からはじまる“負のスパイラル”とは？

不満を言っているあいだはまだ平和

「自分はいつも不満ばかり口にしていて、何ひとつ満足にできていない……」。

職場でも家庭でも、こんなやりきれない思いを抱えている人は少なくない。

なかには不満をエネルギーにして今の状況を改善しようと積極的に動き出す人もいるだろうが、多くの人はそんな人を横目で見ながら、ますます自分の無力さやふがいなさを感じてしまうものだ。

さらに困ったことに、いつも不満を口にしていたり、グチっぽかったりする人ほど不思議と似た者同士で徒党を組んでしまう傾向にある。そのうちに、右を向いても左を向いても聞こえてくるのはグチばかり、という状況にもなりかねない。

ちょっとした不満から始まる負のスパイラルに一度入り込んでしまうと、抜け出すことはなかなか難しいのだ。

ところが、こんな人に共通しているのが大きな勘違いをしていることだ。

ただ不満を言っているだけで行動に移っていない状況はそれほど悪くはないし、不満に対する見方を少し変えれば一気に好転する可能性もある。ようするに、周りの人に同調して自分もグチを言って、そこに溜まっているにすぎないのである。

目の前の相手からいきなり拳を振り上げられるとそれを避けようと身構えるように、人は本当に追い詰められたときには、本能的に何らかの行動に出る。

つまり、まだ行動に出ていないということは、そこまで窮地に陥っていないということである。

こうして冷静に自分の状況を分析すれば、不満のスパイラルから抜け出すことはそう難しくなくなる。

STEP 2

ピンチをチャンスに変える秘密の心理法則

STEP 2 ピンチをチャンスに変える秘密の心理法則

非難されても傷つかないココロの防衛術

非難の中にはいくつかの種類がある

A 君の言う通りにしたら失敗したじゃないか！
B あなたがおもしろいと言っていたあの映画、つまらなかった。お金を捨てたようなものだよ
C 君が予約したあの店、先方の口に合わなかったみたいだ。どうするんだ！
D あんな言い方だと、失礼じゃないか！
E あの態度では相手が腹を立ててもしかたないじゃないか！
F 君が晴れると言ったから傘を持たずに出かけたのに、ズブ濡れじゃないか！

この人は自分の気に入らないことがあったから、やつ当たりしているのだな

…と相手を見守る余裕が生まれれば上級者！

聞き流してもいい

責任転嫁型＝Ⓐ Ⓕ

自分で考えないで行動したり、人に押しつけて失敗したことを人のせいにしているだけ

個人の好み型＝Ⓑ Ⓒ

自分の好みと合わなかっただけなのに、勝手に損をさせられたと感じているだけ

素直に受け入れる

指摘型＝Ⓓ Ⓔ

人の迷惑になるような言動を取り上げて責めている場合

非難はすべて受け止めなくてもいい

「また君のミスか」とか「なぜこんなこともできないんだ」などと、他人から非難されると少なからず気持ちがへこむものだ。そして、そのダメージが大きいと「自分はダメだ、クズだ」と自分を責めてしまい、生きる気力さえ失いかねない。

しかし、非難の中にはいくつかの種類がある。そして、そのとらえ方を学習すれば、深く傷つかずに生きていくことができるのだ。

まず、あなたへの非難が「責任転嫁」によるものや、「個人の好み」による場合は、真に受け取らずに受け流したほうがいい。

たとえば「君の言う通りにしたら失敗したじゃないか」と同僚に非難されても、それは自分で考えもせずに勝手に行動した同僚が悪いのであって、「あなた」のせいではない。

また、「あなたに教えてもらったお店、ぜんぜん美味しくなかった」とか、「君がすごくいいって言うからあの映画を見たのに、金をドブに捨てたようなものだったよ」などは個人の好みの問題だ。間違っても、ムダにお金を使わせてしまったなどと気に病むことはまったくない。「そうでしたか」と軽く聞き流せばいいのだ。

だが、非難のなかには、聞き流してはいけないものも少なくない。それは、人の迷惑になるような言動をしたことを指摘されたときだ。大人になると、このような指摘をしてくれる人はなかなかいるものではない。こうした非難には素直に耳を傾け、自重したいものである。

だからといって、「ここまで非難される自分は最低だ」と自分を責める必要はない。あえて耳が痛いことを言ってくれた相手に感謝し、今後は同じ過ちを繰り返さないようにすればいいのだ。

失敗のダメージを「チャンス」に切り替える方法

失敗したときにすべきことは？

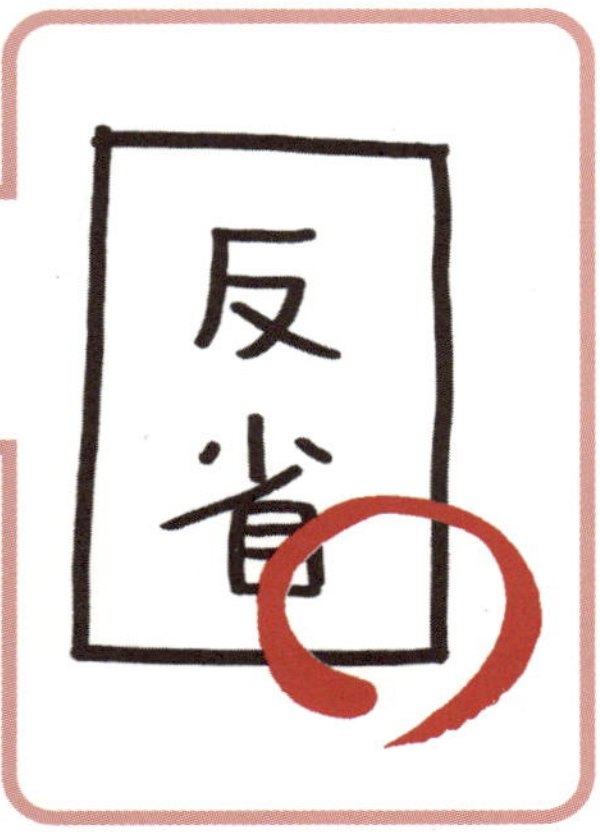

後悔ではなく「反省」で自分を成長させる

理由はともかく、失敗は大きなダメージになる。上司からは叱られ、同僚から嫌味のひとつも言われれば、「俺はなんてダメなヤツなんだろう」と落ち込んでしまう。

そんなとき、こんな嫌なことは早く忘れたいという気持ちになるのはわからないでもないが、失敗は成功の母というではないか。失敗することは逆に多くのことを学べるチャンスだと頭を切り替えてみよう。ここで必要なのは後悔ではなく、あくまでも反省することだ。

なぜなら、成功したときはどうしても喜びが先に立ってしまい、途中のプロセスを振り返ることをあまりしないからだ。

しかし失敗した場合には、原因は何だったのか、ほかにどういう方法があるのか、どこをどう変えればもっとうまくいったのかといった何通りもの改善策を考えることになる。

つまり、次につながるいくつもの〝雛形《ひながた》〟をストックできるというわけだ。するとAで失敗したとしても、すぐにBで対応できるようになる。こうした臨機応変で柔軟な行動は、痛い思いをしてこそ身につくのだ。

それに成功することばかりを続けていたら、高慢な人間になってしまう可能性がある。誤りがあれば素直に謝罪し、人に迷惑をかけないような謙虚な態度を身につけることも大切なことである。

といっても、人はのど元過ぎれば何事も忘れてしまうもの。反省すべきは即座に反省し、そうしてから注意点や改善点などをメモしておくといい。

原因を自分だけに求める必要はないが、他人のせいばかりにしてもいけない。そこは冷静に分析する目が必要だ。こうして失敗という経験から学んだ者だけが、次なる成功を手にすることができるのである。

失敗をチャンスに変える方法

1 失敗した原因を探る

2 失敗を回避するためにやっておくべきだった策をリストアップする

3 次に失敗を繰り返さないように対策を立てる

失敗から学んだ対策のストックがある分、次はより厚みのある仕事ができる

どんな失敗でも想定の範囲内におさめる方法

失敗をしでかして反省するうちに、劣等感にさいなまれて逆に自分を追い詰めてしまう人がいる。このような状況に陥るのを避けるためには、あらかじめ自分の失敗パターンを自覚しておくようにすればいい。すると、たいていの失敗は「想定の範囲内」ということになって大きなダメージを受けずにすむ。自分の失敗談を笑い話にして他人に話せるくらいになりたいものである。

成功したときは、プロセスを省みることを忘れがちになる

口下手のコンプレックスを一発で解消するには

・人と話をするときはテンポよくしゃべらなくてはならない
・相手を退屈させないようにしたい
・これを言ったら相手はどう思うだろうか…

相手の反応が気になって
ますます話せなくなる

↓

自分は口ベタだ

↓

そんな自分を変えたい！

**強いストレス
発生!!**

そんな
コンプレックスを
一発で解消するには

意味のない言葉のやりとりよりも、内容のある会話をめざそう！

「つまらない人と
思われているかもしれない」
「話がおもしろくないと
思われているかもしれない」

――と「憶測」するのをキッパリやめる！

「おもしろさ」や「ノリ」ばかりを身につけようと神経をすり減らすのは、無意味で時間のムダである

取り越し苦労をするより開き直れ！

一度、インターネットを使って「会話」というキーワードで本を検索してみてほしい。すると、じつにさまざまな会話術の指南書が山ほどヒットするはずだ。「話がとぎれてしまう」とか、「自分は口下手で気のきいた話ができない」など、会話に関する悩みを抱えている現代人は想像以上に多いのである。

ところが、「話を盛り上げよう」「相手を退屈させてはいけない」と必要以上に意識してしまうと、話し始める前に考えすぎてしまう。そうなると言葉がスムーズに出てこなくなって、会話のキャッチボールがうまくできなくなってしまうのだ。

このように、相手のことばかり気になってしまう人は、心理学の世界では「自己受容が低いタイプの人」と分類される。

あるがままの自分を受け入れることができないために自分に自信が持てず、相手や周囲の反応や評価ばかりが気になってしまうのだ。

そんな人はこう考えてみるといい。

たとえ長く話を続けたところで、自分が人からどう思われているのかなどということはわかるものではない。「つまらない人だと思われているのでは？」というのはじつはただの取越し苦労でしかないのだ。

そこで、推測で人の心の中をあれこれ考えても意味がないと自分に言い聞かせてみよう。そうやって開き直ることができれば、いつしかリラックスして会話そのものを楽しむことができるようになる。

誰でも他人からの評価は気になるものだが、そのことばかりを考えて慎重になりすぎていては自分のよさは発揮できないのである。

STEP 2　ピンチをチャンスに変える秘密の心理法則

強く拒否されても ヘコまない人の「考え方」

このような条件で
いかがでしょうか
NO！
この交渉は
ぜったい成立
させなければ

押してみて拒否されたら サッと引いてみる

交渉をすることが苦手だという人は少なくない。そもそも話すこと自体が苦手だったり、駆け引きがうまくできなかったりするために、自分の条件を強引に飲ませようと話術やテクニックばかりを重視するからだ。

だが、これでは交渉とはほど遠いばかりか条件の押し売りになってしまい、相手から引き出せる答えは当然「ＮＯ」になる。

人から断られるというのは、ただでさえ気持ちがいいものではない。ましてや、「その条件に応じる気はまったくありません」などと強く、ストレートに拒絶されたとなると、かなり図太い神経の持ち主であってもそれなりに落ち込むものだ。

だが、そこで引き下がってしまっては物事は前に進まない。何としても交渉を続けて相手を説得し、いい結果を持ち帰りたいものだが、かといって「いや、そこを何とか…」と人情に訴えて食い下がればいいというものでもない。

強く拒否された直後は、どんなに相手の心をこじ開けようとしても、そう簡単には開けられるものではない。それにしつこく迫れば

交渉相手から「NO」を突きつけられたら

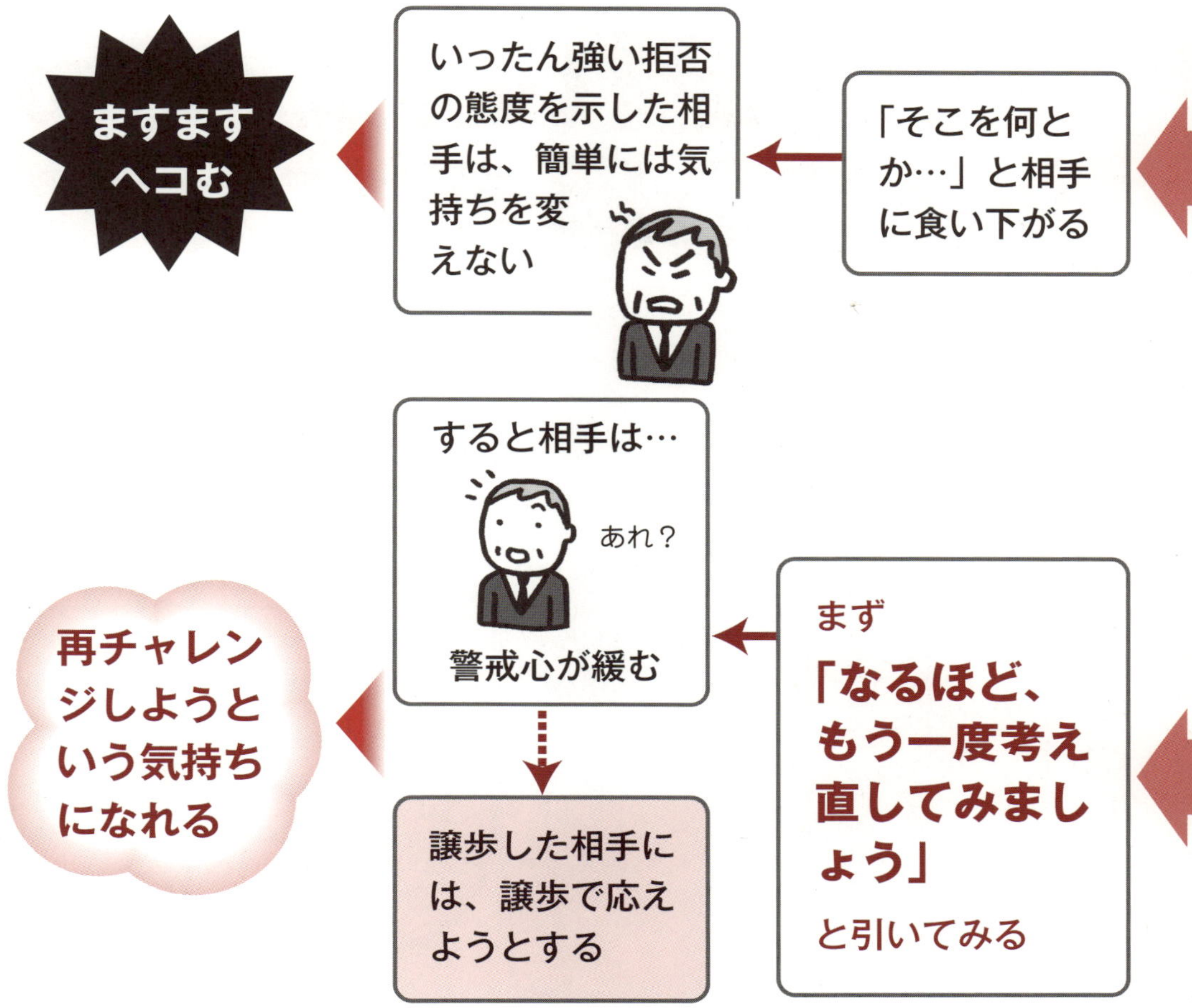
「そこを何とか…」と相手に食い下がる
いったん強い拒否の態度を示した相手は、簡単には気持ちを変えない
ますますヘコむ
まず
「なるほど、もう一度考え直してみましょう」
と引いてみる
すると相手は…
あれ？
警戒心が緩む
譲歩した相手には、譲歩で応えようとする
再チャレンジしようという気持ちになれる

迫るほど、相手はさらに聞く耳を持たなくなるものだ。

そこで、こんなときにはいったん手を引いてみるといい。すると、まだまだ強気で押してくるだろうと思っていた相手は肩透かしを食わされて警戒心が緩む。向こうに考え直す気があるのなら、こっちも考え直してみてもいいかという気持ちになるものなのである。

こうしてお互いに一歩引いて冷静に考え直すことができたら、第2ラウンドの開始だ。押してもダメなら引いてみることが、結果的にいい方向に向かうことになるのだ。

大事な場面でうっかりミスをしてしまう人の本音

うっかりミスの原因は、心理学的には何かをしようとする意識に遮ろうとする無意識がぶつかる「錯誤行為」とされている。たとえば、何度も顔を合わしているのに、名前を呼び間違えてしまう人がいたら、じつは心の奥ではその人が苦手と感じていて、できれば顔を合わせたくないという深層心理が働いている場合がある。

STEP 2 ピンチをチャンスに変える秘密の心理法則

イヤな流れを断ち切るための心理テクニック

一生懸命にやっているのに、いつもうまくいかない人

バリバリ働いているように見えないのに、いつもうまくいく人

実力の差？

↓

要領の良し悪しであることがほとんど

・時間の使い方
・労力の使い方
・優先順位のつけ方

これらの差が「うまくいく」かどうかの別れ目になる

要領 ＝ 効率

要領のいい人は“準備”している

隣の席の同僚はさっさと仕事を片づけて定時で帰ったのに、自分だけが残業……。こんなときには、「なんで一生懸命にやっているのに、自分はこんなに時間がかかるのか」と情けなくなってしまうものだ。だが、これを実力の差だと決めつけてしまうのは早計だ。

こういう場合は実力の問題ではなく、単に要領がいい、悪いというだけのことが多いからだ。こういうタイプの人はまず、自分は要領が悪いということに気づくということが大切である。そうでないと、いつまでたってもその“悪循環”から抜け出せないからだ。

そこで、自分の欠点を認識したら、次は時間を短縮したり効率を上げるための解決策を探ってみよう。「要領がよくならないかなあ」と考えているだけでは事態は好転しない。行動に移すのだ。

まずは、どうしてもやらなければいけないことを最優先にして、それ以外はあとから手をつけるようにする。問題別に細分化して、自分がやるべきことと、同僚に手伝ってもらうこと、上司の判断を仰ぐことなどに振り分けてみてもいいだろう。

また翌日にやる仕事をメモしてから帰るという方法もある。こうしておけば、「えーと、今日は何をしなければならないんだっけ?」と始業後にあたふたせずにすむ。

あるいは、仕事でもアフターファイブの趣味でもかまわないが、何か自分のモチベーションを上げる目標を持つといい。そこに楽しみがあると思えば、効率よく仕事をこなしていこうという意欲が自然と湧いてくるからだ。

大事なのは頭をフルに回転させて、何通りもの解決策を試してみることである。そのなかから自分に合った方法を見つけていけばいいのである。

解決策

「自分は要領が悪い」と自覚する

↓

どうすれば要領よく物事を運べるかを考えながら行動する

効率性をアップさせるための本はたくさんあるので、自分に合った方法を探ってみる

自信過剰なタイプが口ぐせにしたい言葉とは

自信過剰という言葉にはマイナスのイメージがつきまとうものの、自信を持つこと自体はけっして悪いことではない。ただ、あまりにも“過剰”な部分が目立つと周りからそっぽを向かれてしまうのも事実だ。そこで、日ごろから「ありがとう」とか「ごめんなさい」という言葉を口にすることを心がけたい。たったこれだけで自分自身も謙虚な気持ちになれるはずだ。

STEP 2 ピンチをチャンスに変える秘密の心理法則

絶対後悔しない！迷ったときの進路の決め方

じゃあ、この道は
どっちに進めば
正解なのか？
仕事もうまくいかない…
プライベートも嫌なことばかり…
どうもあのときに
選択を間違え
たようだ…
正解の道

迷いに迷ったら「最初の直感」に戻れ！

いろいろと目移りしてしまって、ひとつに決められないことがある。こんなとき、「最初にいいと思ったものが結局一番いい」といわれるが、実際にこの「直感力」を頼りにすると結果的に正解だったということはよくあることだ。いくら悩んでも何がベストなのかがわからなくなってしまったときは、最初の自分の直感を信じてみよう。

人生の選択に正解はない

仕事がうまくいかない、人間関係もギクシャクしている、おまけにプライベートでも問題ばかりとなると、どうしてもお先真っ暗に思えてくるものだ。

　こんなときは、どこかで人生の選択を誤ったのではないかと過去の自分を振り返ってみたくなる。就職活動、いや大学選びを間違ったのかと、悩んでもしかたのないことばかりをあれこれと思い浮かべてしまうものだ。

　人生の岐路に立ったときは、誰しも何を選択するのがベストかと悩むものだ。２つのうちどちらをとれば正解なのか、果たして何を選べば幸せになれるのか、と。

　しかし、人生の選択には残念ながら正解はない。「人生山あり谷あり」というように、どちらを選んでもいいときもあれば悪いときもあるものなのだ。

　では、その道を選ばなくてはならないとき、いったい何を選択の基準にすればいいのだろうか。

　それはただひとつ、「覚悟」を決めることだ。いくつかある選択肢の中から悩みに悩んでひとつを選んだとしよう。その時に大切なのは、選んだ道が正しいかどうかではなく、「これ」と覚悟を決め、脇目も振らずにその道を邁進《まいしん》することだ。人生に正解をもたらすのは、その覚悟の持ち方なのである。

　最初にその覚悟を決めて自分の心にくさびを打ち込んでおけば、たとえ途中で迷うことがあったとしても「自分が決めた道なのだから」と改めて覚悟をすることで先に進むことができる。これが覚悟を決めていないとなるとほかのことに目移りしてしまって、いつまで経っても迷ったままの状態から抜け出せなくなるのだ。

　さまざまな生き方が選択できる時代だからこそ、覚悟を決めることが必要なのだ。

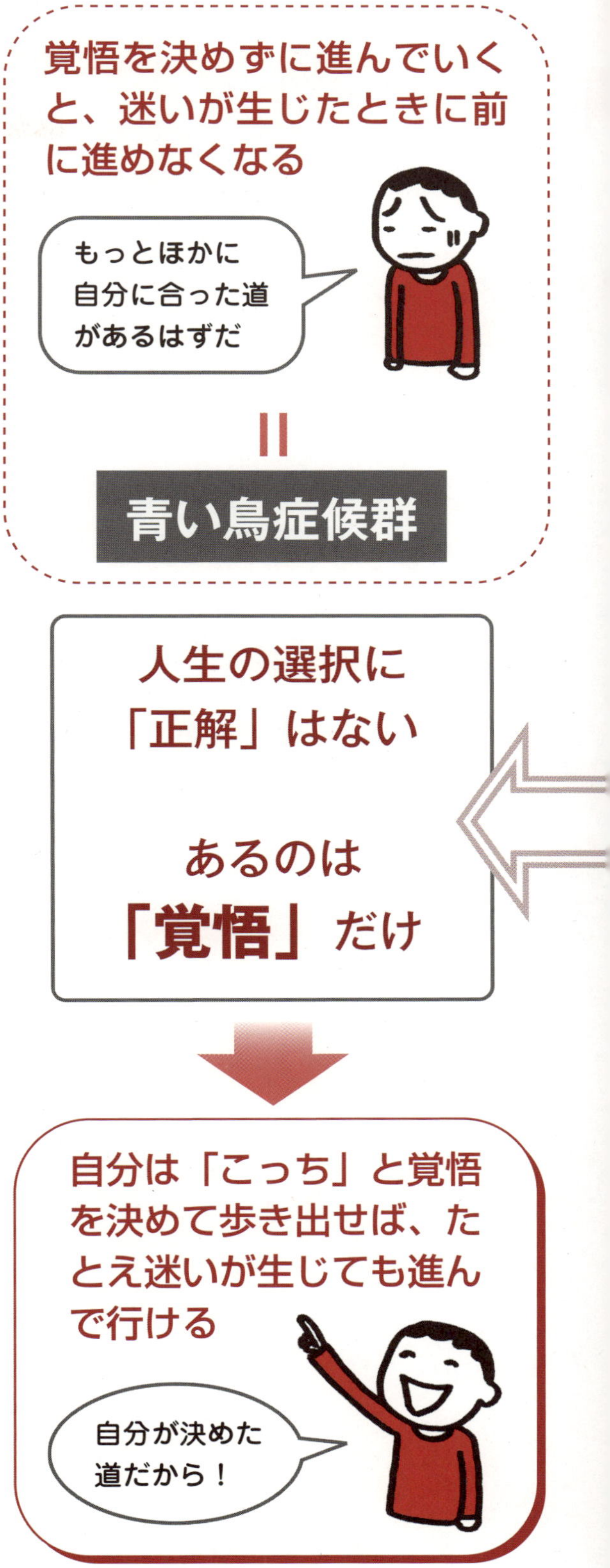

覚悟を決めずに進んでいくと、迷いが生じたときに前に進めなくなる
もっとほかに自分に合った道があるはずだ
＝
青い鳥症候群
人生の選択に「正解」はない
あるのは「覚悟」だけ
自分は「こっち」と覚悟を決めて歩き出せば、たとえ迷いが生じても進んで行ける
自分が決めた道だから！

STEP 2 ピンチをチャンスに変える秘密の心理法則

他人に振り回されて疲れてしまう人の共通点

あなたはどっちを重視して生きているか

人間関係型

・他人からの評価
・周囲との調和
・協調性

目標達成型

・自分のやりがい
・夢や目標
・独創性

ストレスが溜まりにくいタイプ

自分はどう思うか、どうしたいかが大事

人間関係に気を配るのは大切なことだ。仕事も家庭も友人関係も、すべて人間関係が基本だからだ。しかし、人間関係を円滑にすることを重視するあまりに、相手の言葉や感情に振り回されて自分を見失ってしまってはいけない。

人間には自分の目標や、やりたいことを大事にする「目標達成型」と、自分のことよりも周囲とのバランスを重視する「人間関係型」の2通りの人がいる。

ここで問題になるのは、後者の人間関係型だ。このタイプは、他者からの評価を自己評価に置き換えるので、相手からはかばかしい評価が得られなかったり、裏切られたりすると過剰にショックを受けてしまうのだ。

たとえば、上司からある仕事を命じられたとしよう。上司の言うことをきちんと聞いて、その指示に忠実に従い、全力を尽くしたにもかかわらず、思ったような成果が上げられなかった。

そんなとき、その上司から「よく頑張ってくれたね」などと労ってもらえたら、成果はさておき、かなりの満足感を得られるのだが、

ストレスを溜めないための心の持ち方

①「他人の目」と「自分の目」は別のモノであると認識する

②自分の評価は「自分のモノサシ」で測る

③「自分はどう思うのか」と常に自らに問う

人間関係型はストレスを溜めやすい

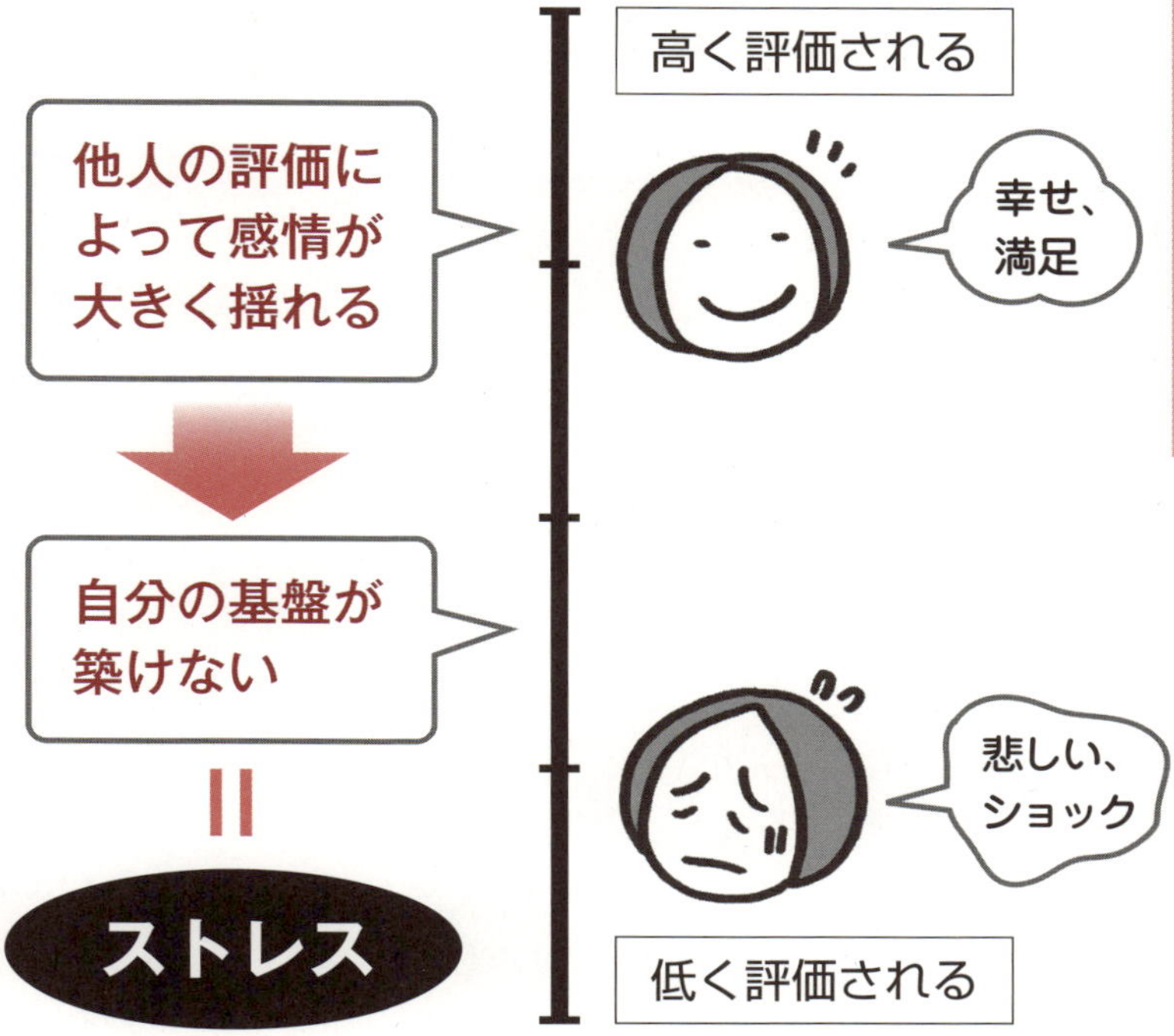
高く評価される
他人の評価によって感情が大きく揺れる
幸せ、満足
自分の基盤が築けない
＝
ストレス
悲しい、ショック
低く評価される

逆に「ぜんぜんダメじゃないか！」と責められると、足元から地面が崩れ落ちるようなショックを受けてしまうのだ。

このタイプが問題なのは、自己評価のモノサシが「他人の目」であることだ。そのために、いつも他人の意見に振り回されてしまって、自分の基盤がいつまで経っても築けないのである。

大切なのは、あくまでも自分の評価は自分のモノサシで測るということだ。「自分は」どうしたいのか、「自分は」何を伝えたいのか、「自分は」どう思うのか、「自分」を中心にして物事を考えることである。

他人の目が気になってしまうのは人間の本能？

人間が社会的な生き物である以上、自分は他人からどう見られているかを意識するのは避けることはできない。しかし、他人の目を意識し過ぎるとどうしても言動がギクシャクし、心が萎縮してしまう。ところが実際には、自分が思うほど他人は自分を見ていないものだ。それを感じることができれば、そのうちに肩の力も抜けて、本来の“自然な自分”を出せるようになる。

コラム

ツイてない時期の正しい過ごし方を知っていますか？

縛られない自由な時間を謳歌しよう

「新しいプロジェクトに自分だけ呼ばれなかった」とか「恋人が他の男性に取られてしまった」などと、人生には思いもよらない不運が重なったりする。いわゆる踏んだりけったりの状態だ。

人生を運・不運だけで語るのはどうかと思うが、そうはいってもどういうわけか運に恵まれない時期というのはあるものだ。

だが、こうした不遇に嘆くなかれ。むしろ、逆境はチャンスだととらえるべきだ。もちろん、これにはちゃんとした根拠がある。

まず、仕事で声がかからなかったということは、残念ながら現時点での自分の実力はそこまで評価されていないということだ。

だが、よく考えれば、そう思われているうちは比較的自由に何でもトライできる。会議で少々思い切った発言をしてみても咎《とが》められないし、早く帰れる利点を活かしてアフターファイブに何かの勉強を始めてみてもいい。このようなチャレンジができるのも、責任がなく、立場に縛られない時期の特権と考えればいいのだ。

プライベートでも恋人がいないフリーの身を活かして女友達と会ってみたり、気の合う男友達だけで楽しめる趣味に打ち込んでみるのもいい。

このような一見、不毛とも思える時期に自分に投資することは、じつは将来に必ず役立つものだ。

どんなに順風満帆の人生でも必ず訪れるのが逆境の時期だ。このまたとない“チャンス”がステップアップの足がかりになるのである。

心を強くする

ワンランク上の

メンタルトレーニング

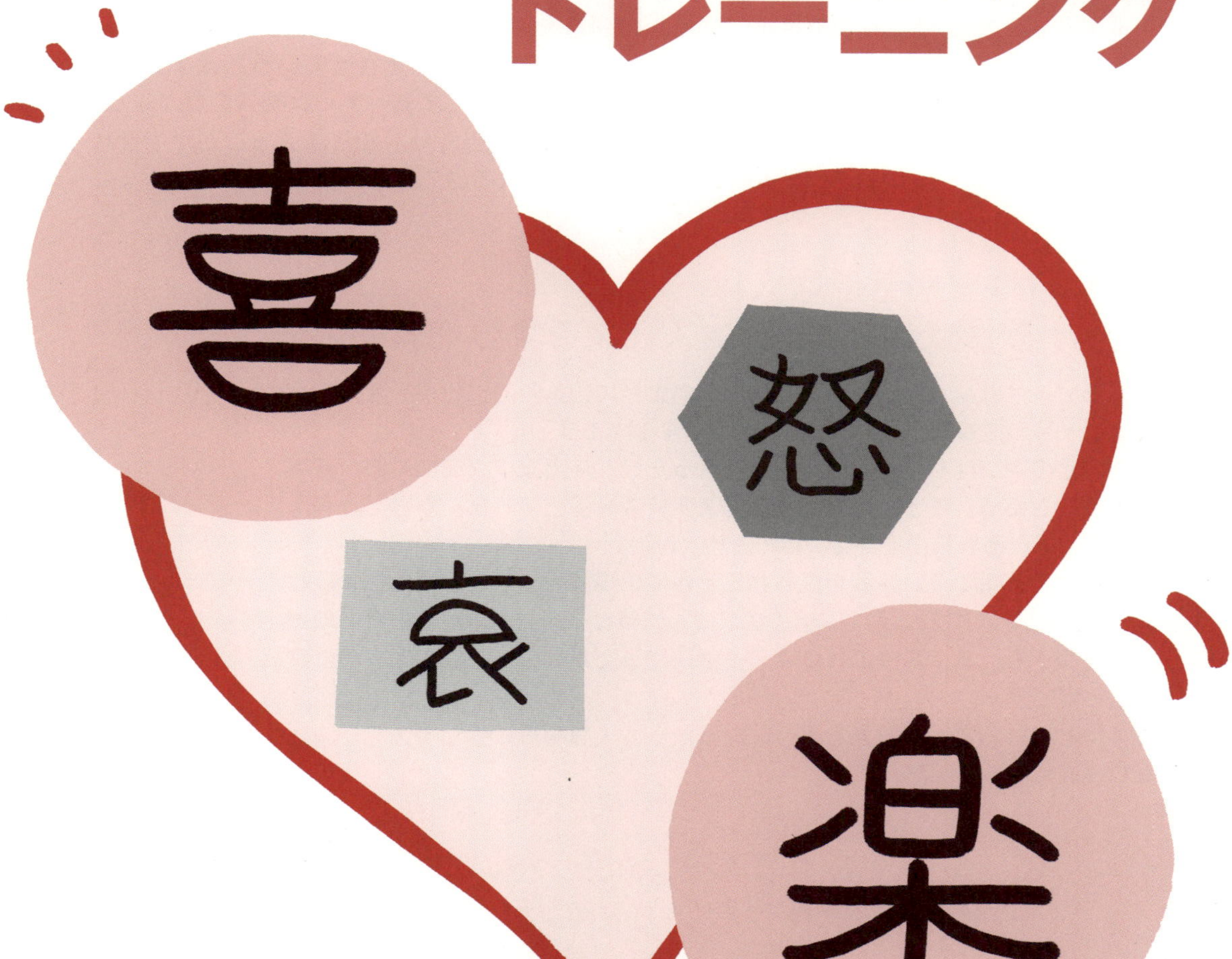

人間は考える生き物だ。気持ちの持ち方ひとつで「大変な」ことを「大したことない」ことに変えられたりする。気持ちがラクになるように物事をとらえたり、意識を変えることができれば、明日はもっと前を向いて歩いていけるようになるのだ。

どんなダメージを受けてもダウンしない打たれ強い人間になるための意識改革

どんなに強烈なダメージを受けてもダウンすることなく、体勢を整えてさらに挑みかかってくる。

そんな打たれ強い選手がスポーツ界にはひとりやふたりはいるものだが、このような強靭な精神の持ち主に共通しているのが「勝つまでは落ち込まない」というスタンスだ。

逆に心が弱い人というのは、ツイていないからとふてくされ、不平不満や他人の悪口を言っては中途半端なところで諦める。その繰り返しがさらに自信喪失を加速させていることに気づかないでいるのだ。うまくいかなくても「明日は明日の風が吹く」ものだ。一度や二度の失敗は当たり前だと居直ることができれば、人間は誰でも強靭になれるのである。

お世辞やウソが苦手な人は「とぼける」処世術でストレス社会を乗り切れる

まじめで一生懸命なのはいいことだが、あまりに四角四面に物事を考えてしまうと、どうしても敵ができるし嫌われたりもしてしまう。

だが、世の中には心にもないお世辞を言ったり、適当なウソをつくのが苦手だという人もいて、こういう人はとかくストレスを溜めてしまいがちだ。そんな人は「とぼける」技術を身につけてみるといい。

たとえば、答えづらい話題を振られたときに仏頂面をして「それはちょっと…」と言葉を濁すより、「え？　何のことでしたっけ？」ととぼけてみせるのだ。

すると相手も「おや？　これはマズイ話題だったかな」と不快にならずに察することができる。

上手にとぼけることができるようになったら、人間関係に生じるストレスはかなり軽減されるはずだ。

もう二度とおせっかいな口を叩かせないための大人の対応とは

「あのやり方はないんじゃない？　僕だったらもっとシンプルにやるのに…」

うまくことを運べなくて落ち込んでいるときに、こんなおせっかいな忠告をされたら誰だってムカッとくるだろう。

だが、ここで怒りをあらわにして相手の意見をはねつけてしまっては、せっかくの人間関係に水を差してしまうばかりか、いらぬ悩みを増やしてしまうことになる。

そこで、こんなときこそムカつく気持ちをグッと飲み込み、涼しい顔で「参考にさせてもらうよ」と度量のある返答で切り返してみよう。

相手は、あなたの大人の態度に器の大きさの違いを感じて、今後はおせっかいな態度を慎むにちがいない。

言葉を尽くして自分を語るより「ご覧のとおり」と言えればうんとラクになる

自分にはもっと能力があるのに周りからは低く評価されていると恨みごとを言う人がいるが、世の中にはいろいろな考え方を持つ人がいるように、他人の評価と自分の評価にギャップがあるのは当たり前のことである。

いくら「自分はこんなにがんばっているのに」と声を張り上げたところで、負け犬の遠吠えだと思われるのがオチだ。

それよりも、自分の評価を上げたかったらとにかく行動して、実績をつくるしかない。そのうえで「自分はご覧のとおりの人間です」ということができれば、こんなにラクなことはないだろう。

しかも、「ご覧のとおり」と胸を張れる境地まで達すれば、もう何者の評価にも振り回されない強い心を持つことができるはずだ。

ネガティブ思考に陥りそうなときは「NO・BUT思考」に変えてみる

人に不快感を与えずに反対意見を切り出す方法に「ＹＥＳ・ＢＵＴ法」がある。いったんＹＥＳと相手の意見を受け入れておいてから自分の意見を述べれば、相手を傷つけなくてすむため、実際に仕事のなかで活用している人も多いだろう。

ただ、ふだんの会話まで「ＹＥＳ・ＢＵＴ」になってしまうと、どうしてもグチっぽくなる。

「言いたいことはわかる」「それはいいね」と賛成しておきながら、次に必ず「でも…」とか「だけど…」と否定的な言葉が続くと相手もよくは思わない。

そんなネガティブ思考を払拭するには、「ＮＯ・ＢＵＴ思考」に変えてみるといい。「好きじゃないけど、おもしろそう」、「おいしくないけど、新しい」と何にでも積極的に首を突っ込んでみたら、いつの間にか生き方自体が変わってくるはずだ。

見た目のコンプレックスから解放される曇った鏡の使い方

“人間は見た目だけではない”といわれるが、実際のところ他人に好印象を与えるかどうかは、見た目によるところがかなり大きい。

それを知っているから人は自分を鏡に映して日々“点検”をするのだが、今日は明らかに冴えない顔をしているという日は、マジマジと鏡を見るほど憂鬱になってしまう。だからといって１日中憂鬱そうな顔をしていては気分は滅入るし、だいいち周りの人からすればはた迷惑だ。

そんな沈んだ気分をさっさと払拭するには、出がけにちょっと離れたところから鏡に自分を映してみるといい。

「あれ？　思ったより悪くない」と感じたら、心は晴れて多少の顔色の悪さを吹き飛ばせる笑顔も生まれる。

たったこれだけのことだが、自分の心をきちんとコントロールする術を知っていれば、人生はもっとうまくいくのである。

喜怒哀楽

大物に学ぶ、人の視線を気にすることなく「いい人」として生きていく術

何気なく言ったひと言が相手を傷つけていたとは露知らず、何年も経ってから「あのとき、あんなひどいことを言われた」と蒸し返されることがある。

それを言ったほうはすぐ忘れるものだが、傷つけられたほうとしてはいつまで経っても覚えているものだ。

だが、それを気にして「いつも気をつけて行動しなくてはならない」と考えると生きていくのが窮屈になる。だからといって、人から何と思われようと平気だと開き直るのも勇気がいる。

そこで、こう考えてみてはどうだろう。「知らず知らずの間に人に悪い印象を与えるのは仕方がない。しかし、それを上回るだけのいい印象を与えればいい」と。

大物といわれる人のなかには、口は悪いがそれ以上の行動力で人を魅了している人はたくさんいる。

小さく、いい人にまとまろうとせず、「差し引きすればやっぱりいい人」をめざしたほうが心はずっと自由になるだろう。

自分らしく生きて、よい行いを積極的にする！

「ずっと今のままであるはずがない」と思えば心の重圧から解き放たれる

鴨長明が著した鎌倉時代初期の随筆『方丈記』に「ゆく河の流れは絶えずして、しかも、もとの水にあらず」という一節がある。これは、この世は常に移ろっていて、変わらないものは何もないということだ。

自分はいつもうまくいかないと思っている人は、一生いい仕事に恵まれず、結婚もできないかもしれない…と悲観的に考えてしまいがちだが、「この世は常に変化しているのだから、今の状態が一生続くわけではない」と思えば心はずっと楽になるはずだ。

人間は自分の力で運命を変えられると考えては試行錯誤を繰り返すが、しょせん人間も自然の一部である。自然の流れに身をまかせていれば、そのうちなるようになるものと考えてみてはどうだろう。

「知らなくていいことは聞かない」という魔法の言葉

これからは強く生きていこうと、どんなに自分の心に誓っても、他の人からの悪い影響をシャットアウトするのはなかなか難しい。

たとえば、誰かが自分の悪口を言っているという噂を耳にしたら、居ても立ってもいられなくなる。いったい誰だろう…と疑心暗鬼になって周りの人を眺め、犯人捜しまではじめてしまうかもしれない。こうなると、せっかくの誓いも台無しである。

だが、そんな他人に影響されやすい心をコントロールする魔法の言葉がある。それは、「世の中には知らないほうが得なことがある」である。

知ってしまえば人を憎んだり心を煩わせるだけのことであれば、知らなくてもいいというわけだ。

言いたいなら言わせておけばいい。相手がそんなムダな時間を過ごしているうちに、自分はせっせと自分に磨きをかけたほうがまちがいなく幸せになれるだろう。

STEP 3

悩みが消える！気持ちが軽くなる！ツボ

悩みが消える！ 気持ちが軽くなる！ツボ

「なるようにしかならない」と思えば突破口が開ける！

いくら考えても解決策が
見えてこない…
?
?
しかし、
「為せば成る！」

でも、
やっぱり
わからない…
ハァ…

行き詰まってしまったときは

開き直りつつも、「もうダメだ」とあきらめないことと、モチベーションを下げないことが大事

開き直ったほうが名案が浮かぶ

何事も「為せば成る」という気持ちで一生懸命に取り組むことは大事なことだ。

とはいえ、いくら頑張っても目の前の壁を乗り越えられずに前に進めなくなってしまうこともある。どんなに必死に努力をしてもうまくいかないときは、焦りだけが募ってしまうものだ。

そんなときには「為せば成る」から、「なるようにしかならない」へと気持ちを切り替えてみてはどうだろう。

どうにも適当な解決策が浮かばないのに、無理矢理物事を進めようとすれば、かえって問題をこじらせることにもなりかねない。簡単に答えが見つからないのなら、そのうち解決するだろうくらいに開き直ってしまえばいいのである。

また、考えが煮詰まってしまったときには、いったんその問題と距離を置いてみるといい。仕事とまったく関係のないことをしたりして、直面している問題を一度頭からシャットアウトしてしまうのである。

そうして距離を置いてみると思考がリセットされ、思わぬところで名案がひらめいたりする。しかも、追い込まれて出した中途半端な答えより、ずっと有効で実行性のある解決策であることが多いのだ。

ようするに、壁にぶち当たっても途中で投げ出してしまわないことである。今はとてもじゃないが乗り越えられそうにないと思ったら、しばらく休憩でもしてみるかくらいの気持ちでやり過ごせばいいのだ。

「為せば成る」も「なるようにしかならない」も、どちらも自分で自分にかける言葉だ。そうであるなら、状況に合わせて自分に都合のいいように使い分けたほうがずっといいのである。

力を抜いて頭をリセットすれば、思わぬひらめきがある

「なるようにしかならない」
と自分に言い聞かせる

何にでも白黒つけてしまう極端な性格はこう変える

物事を「白か黒か」で判断する人は、迷いがなく潔いタイプではあるが、一方で極端で非情な人という印象を与えてしまいがちだ。そんな自分を改めたいなら、何でも即座に白か黒かに振り分けるのではなく、事の成り行きを見守る心の余裕を持つようにしたい。

心のなかに「グレーゾーン」をつくるといいワケ

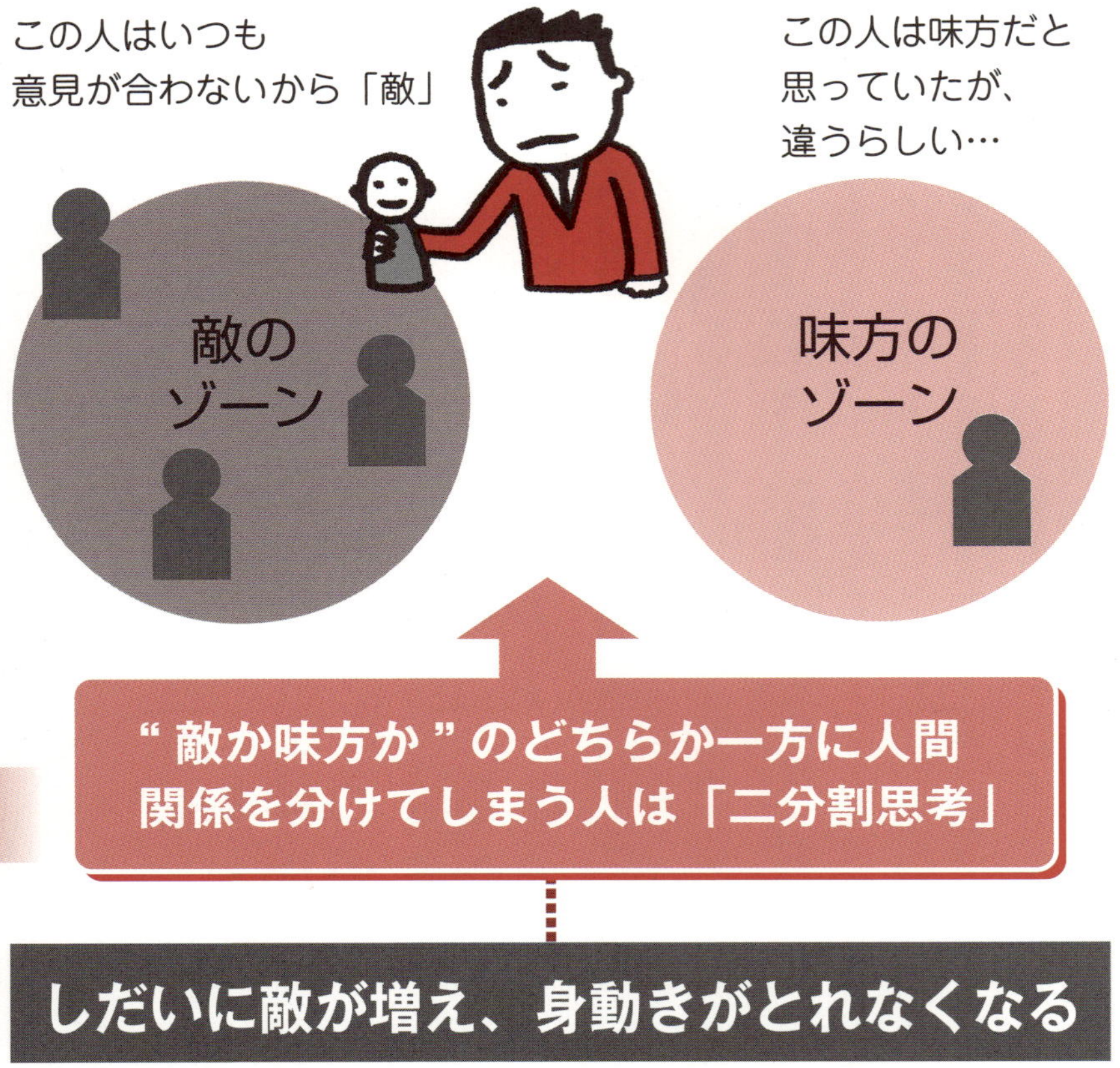
この人はいつも
意見が合わないから「敵」
この人は味方だと
思っていたが、
違うらしい…
敵の
ゾーン
味方の
ゾーン
“敵か味方か”のどちらか一方に人間
関係を分けてしまう人は「二分割思考」
しだいに敵が増え、身動きがとれなくなる

“敵か味方か”で考えてはいけない

職場の同僚や友人だけでなく、自分の周りにいる人なら家族までをも「敵」か「味方」にとらえてしまう人がいる。

このような「二分割思考」で両極端の結論を導き出そうとする人には完璧主義者の傾向が強いのだが、やはり人間関係を育むうえでいいこととはいえない。

たとえば、ちょっとした会話をしているときに、自分の意見に同調した人を味方、反対した人を敵と感じるのはいいが、別の機会には今度は賛成した人が反対に回るかもしれない。そうなるとどちらも敵ということになってしまう。

これではどんどん敵が増えるばかりで、そのうち身動きが取れなくなってしまうだろう。そもそも、人間関係はそう簡単に白か黒かで分けられるものではない。

自分が勝手に「味方だ」と思っていても、相手はあなたのことを何とも思っていなかったりすることもある。そして、期待したほど自分が大切に思われていないとわかると、またその人を敵のゾーンに送り込んでしまう。これでは豊かな人間関係を築くことなどとうていできない。

そんな窮屈な人間関係を卒業したかったら、まず心にグレーゾーンをつくるといい。よほど好き嫌いがない限り、ほとんどの人を敵でも味方でもないグレーゾーンに入れてしまうのだ。

そして、自分の周りにいる人たちは自分のことを敵とも味方とも思っていないと、いつも強く意識するのである。

すると、いままでの二極化した考え方がなんだかバカバカしく思えてくる。そうなれば、誰とでも身構えることなく気軽につき合えるようになるはずだ。

苦手な相手ほど積極的に会ったほうがいい理由

第一印象で苦手だった人と一緒に仕事をしなくてはならないときは、相手を避けようとするのではなく、あえて顔を合わせて話しかける回数を増やすといい。すると、良くも悪くもその人のことがよくわかるようになる。人は「熟知性の原則」によって、よく知っている人には好印象を持ちやすいものなのだ。

二分割思考の人は「グレーゾーン」を広げる

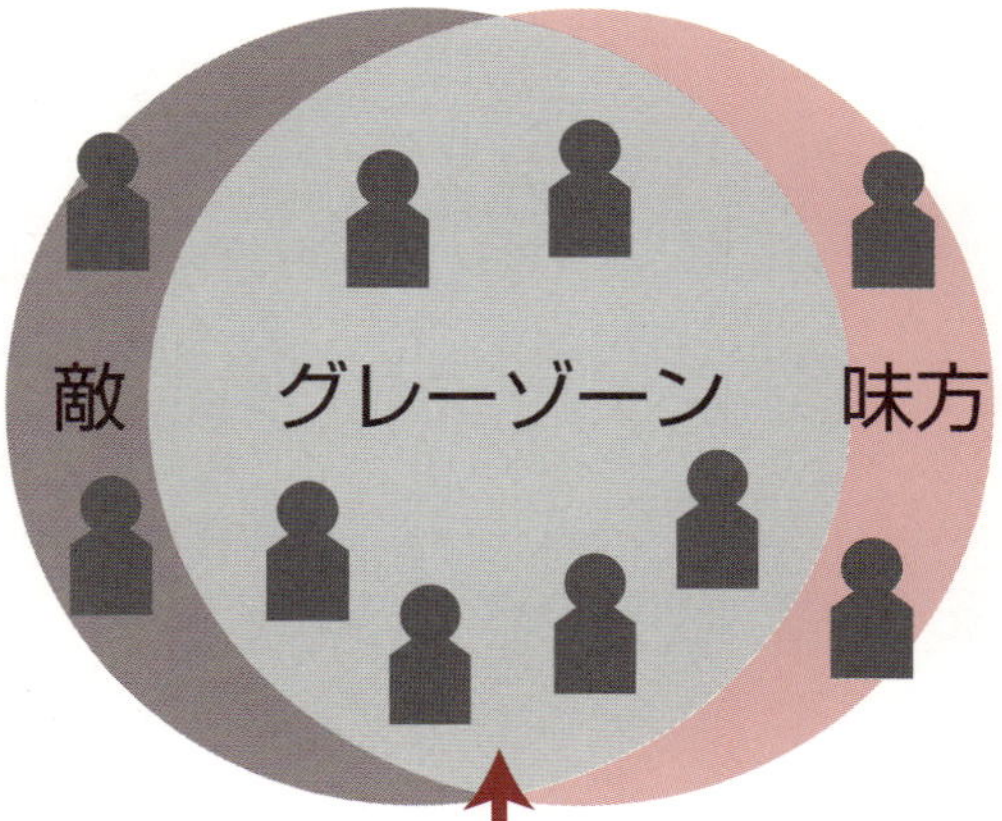

敵でも味方でもない グレーゾーン

二分割思考に陥ってしまいがちな人は、グレーゾーンをできるだけ広げるように意識する

もし「この人は敵だ」という気持ちが働いたら、「黒に近いグレー」くらいに留めておく

＝

人間関係がラクになる

人生を焦る気持ちを向上心に変える方法

35歳までには課長になりたかったのに…
年間100冊の本を読むつもりだったのにもう12月…
いつも焦ってばかりで、自分はダメだ…

焦る気持ち＝**長所**からくる欠点

焦りを感じるということは

・人生を真剣に考えているということ
・目標が明確であるということ

人間的成長のチャンス

↓

向上心に変えられる

「あれもこれもやらなきゃ」という焦りを消し去るコツ

手持ちの仕事が多すぎると、「あれもやらなきゃ、これもやらなきゃ」と焦りばかりが先走ってしまい、しだいに気が滅入ってヤル気がそがれてしまう。これは、脳が混乱を起こして“思考疲れ”に陥っている証拠だ。そんなときは、やらねばならないことを手帳に書き出して思考を整理整頓すると、気持ちが落ち着いてモチベーションも復活する。簡単にできるのでぜひ試してほしい。

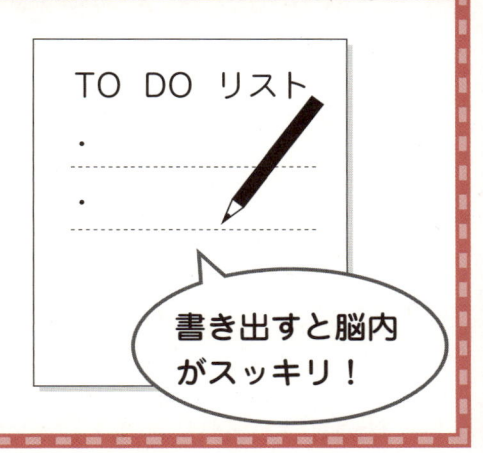

焦りを向上心に変えるには

①自分の焦りがどこからきているのか分析する（他人との比較、現実とのギャップなど）

②焦る原因を取り除き、目標だけに焦点を当てる

焦る気持ちはけっして短所ではない

「自分は出世が遅いのではないか」とか「結婚できないのではないか」などと、長い人生においては少なからず焦りを感じることがある。

このような、いつも何かに対して焦ってしまう気持ちを性格的な欠点だと思っているなら、それは少し違う。焦るということはそれだけ自分の人生を真剣に考えているということであり、目標を持って生きているということでもある。つまり「長所からくる欠点」だとも考えられる。

何も考えずに日々を生きているだけなら、人はそれほど焦りを感じない。「〇歳までに結婚したい」ときちんと目標を定めているからこそ慌てるのだし、周囲をきちんと見ているからこそ出世のスピードが気になるのである。

もっとも、その気持ちをそのまま持ち続けるのはあまりいいことではない。焦るということは目標が明確であることにはちがいないが、人と比べてしまうとどうしてもいら立ったり卑屈になるので、なかなかポジティブな思考になれないのだ。

そこで、「もしも、焦りをまったく感じなかったら」ということを想像をしてみよう。競争心や充実感を少しも求めず、ただ毎日を漠然と生きているだけでは人間的成長のチャンスを逃してしまうだろう。

それに比べて焦りを感じている自分はどうだろう。今は確かに焦ってはいるが目標に届くための努力はしている。だから、いつか必ず結婚もできるし出世もできる、と前向きにとらえることができるのではないだろうか。

このように考え方を変えればいい意味でクールダウンできて、次に自分がやるべきことも明確になるはずだ。

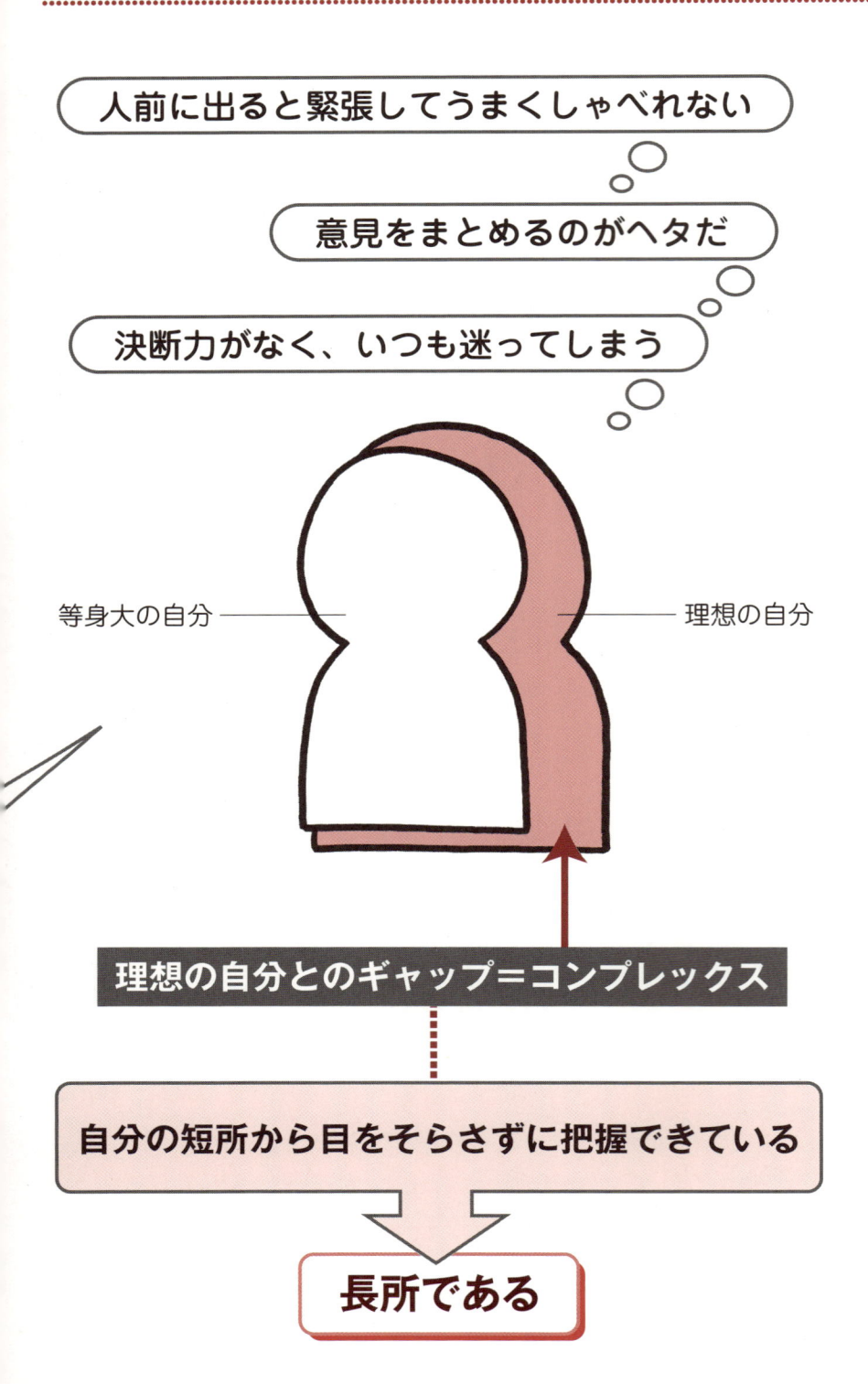

コンプレックスとの正しいつき合い方を知っていますか

人前に出ると緊張してうまくしゃべれない

意見をまとめるのがヘタだ

決断力がなく、いつも迷ってしまう

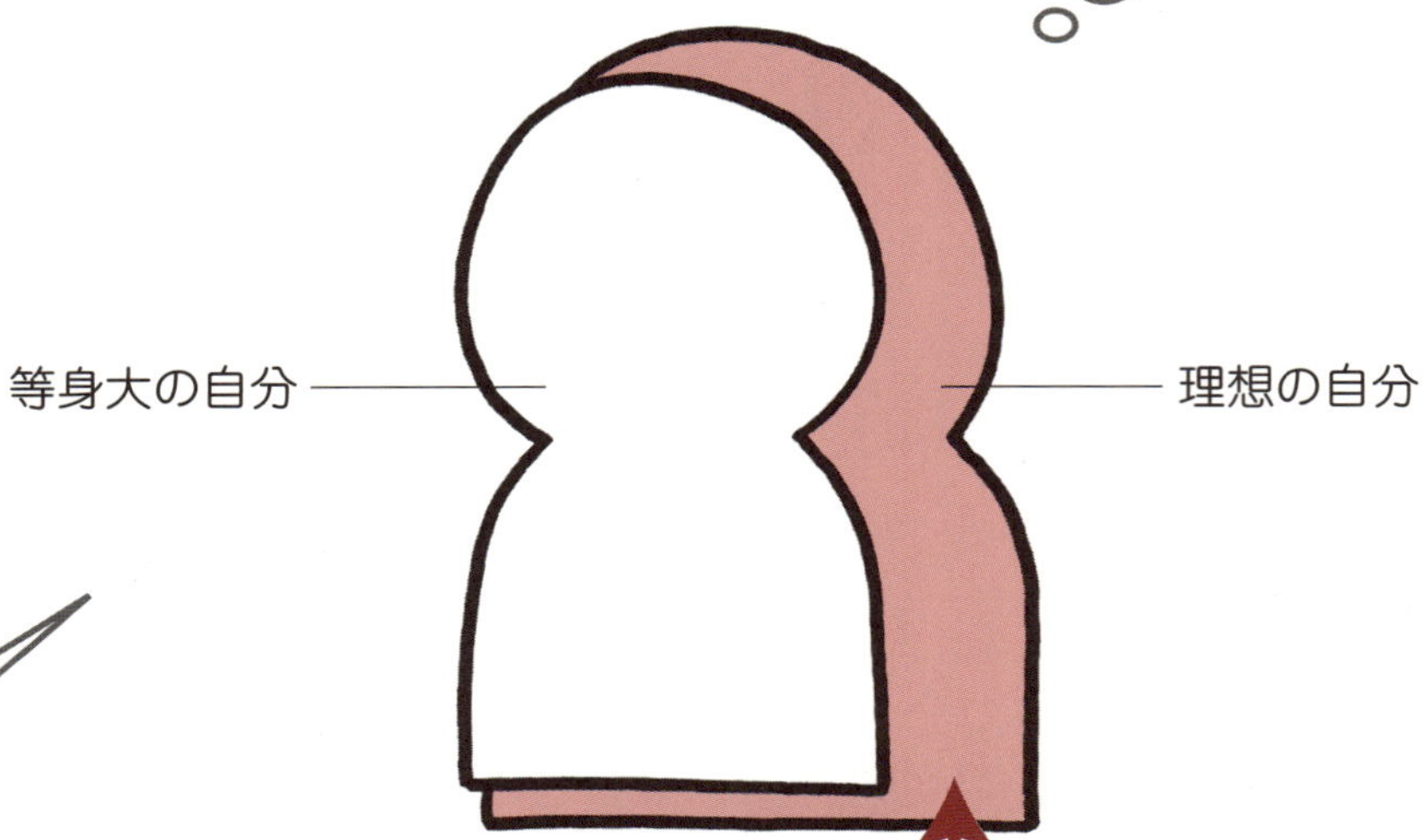

理想の自分とのギャップ＝コンプレックス

自分の短所から目をそらさずに把握できている

長所である

短所とまっすぐに向き合える自分を認める

優柔不断で何を決めるにも人より時間がかかってしまう、いつも思っていることの半分くらいしか話せない、どうも自信なさげに見られる…。このようなコンプレックスは誰もが少なからず持っているものだ。

その原因を探ってみると、だいたい周囲の期待に応えたいのにうまくいかないというジレンマだったり、あるいは自分が思い描く理想の自分とのギャップに端を発していたりする。

だが、自分に劣等感を抱いているということはそれほど悪いことでもない。あまりにも深くとらわれすぎて、ひどい自己嫌悪や自己否定に走るのはよくないが、コンプレックスを感じるということは、裏を返せばそれだけ自分の短所を把握できているということだからだ。

人は自分の短所からつい目をそらしてしまいがちだが、自分は逃げることなく正面から短所と立ち向かっていると思えば、自信を持つことができる。あとはその短所をどうやって修正していくかを考えて行動するだけでいいのだ。

こう考えれば、一概にコンプレックスを持つことがデメリットだけではないということがわかるだろう。

ところが、そうはいってもひとりで考え込んでいるだけではコンプレックスに隠れているメリットを見出すことは難しい。

そんなときは、家族や友人などにSOSを送って、じつは今こんな劣等感を抱えて悩んでいると打ち明けてみるといい。ひとりで悩んでいるよりも、誰かにじっくりと話を聞いてもらい、コンプレックスそのものをいろいろな角度から見つめ直すのである。そうすれば、きっと道は開けてくるはずだ。

自分を「内気な性格」と決めつけないほうがいいワケ

人は誰でも、内向的な性格と外向的な性格の両方を持っていて、そのどちらかが前面に強く出ている。だから「自分は内向的だから…」と悲観する前に、自分の中にある外向的な部分にも目を向けてほしい。また、内向的な人は行動力では外向的な人にかなわない反面、慎重な行動ができるので大きな失敗も少ない。人は誰にでも必ず一長一短があるのである。

外向的な性格
＝
人と接する役割

内向的な性格
＝
クリエイティブな役割

自分は逃げることなく短所と向き合うことができる

このように心から思い、自分を認めることができれば、自分を変える第一歩になる

「期待」という足かせを外せば、うまくいく！

何をするにも周囲の期待がプレッシャーになる

そんなときは

自分は本当にそこまで期待されているのか

…と考えると
急に心が軽くなる

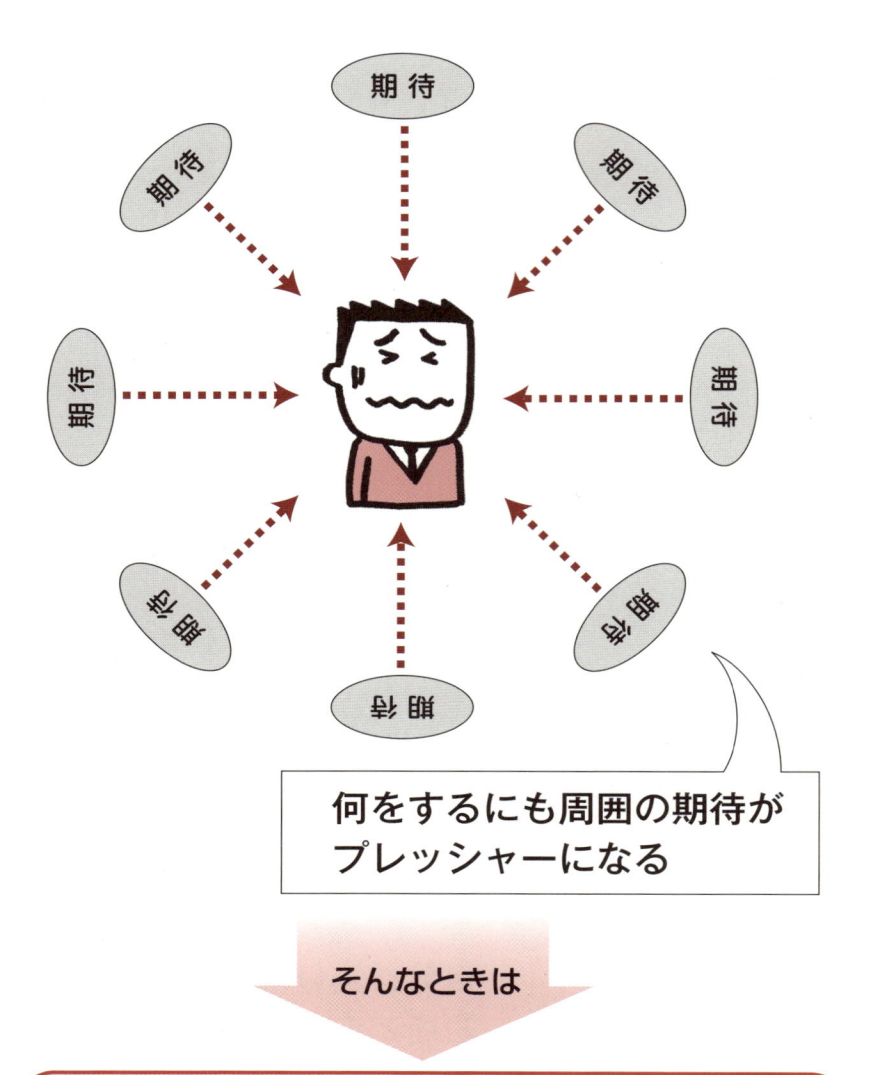

苦い過去の経験がトラウマになっていないか

自分のやりたいことは二の次で、いつも周囲の期待に応えようと何でもかんでも引き受けようとする人がいる。

もちろん、きちんと成し遂げられるだけの高い能力と自信があるのなら、どんどん引き受ければいいのだが、そんなに何もかもオールマイティにこなせるスーパーマンのような人はなかなかいない。

責任ある仕事や立場を次々に引き受けてしまったもののうまくいかなかったら、周りの人に迷惑をかけることにもなる。結局、周囲からは「悪い人ではないんだけど…」と敬遠されることになってしまうだろう。

このように、過度に周囲の期待に応えようとするのには、じつは周りから認めてもらいたいという強い欲求が隠されている。子供のころに親から過度な期待をかけられて頑張ってきたがそれに応えることができず、苦い思いをしたことがトラウマになっているケースもある。

ついあれもこれも引き受けてしまうという人は、過去の自分を振り返ってみると思い当たるふしがあるのではないだろうか。

もしそうであれば、今の自分がプレッシャーに感じている周囲の期待はただの思い込みで、自分で勝手に〝足かせ〟にしているだけという可能性は大きい。それを外せばもっと自由になれるのだと気分を切り替えてみよう。

さらに、人の役に立てることができる本物の力を身につけるために、何かを始めようと考えられるようになればなおよしだ。そうなれば、自分の足で自分の道を歩くことの喜びを噛みしめることができるだろう。

周囲の期待がプレッシャーになったときのプロの対処法

人は無意識のうちに周囲の期待に応えようとするものだ。たとえそれが少々のプレッシャーになっていたとしても、結果として期待通りか、あるいはそれ以上の成果をあげることもある。これは「自己成就予言」といわれるもので、たとえ周囲の期待が重くのしかかってきたとしても、それを原動力にすれば期待通りの言動ができるようになっているのである。

周囲の期待を意識しすぎる原因とは

- 子供のころから親の期待に応えようと頑張ってきた
- いくら頑張っても周囲に認められないという気持ちがいつもどこかにある

自分自身の欲求を押し殺している可能性が高い

思いきり「グチる」ことで得られるものとは？

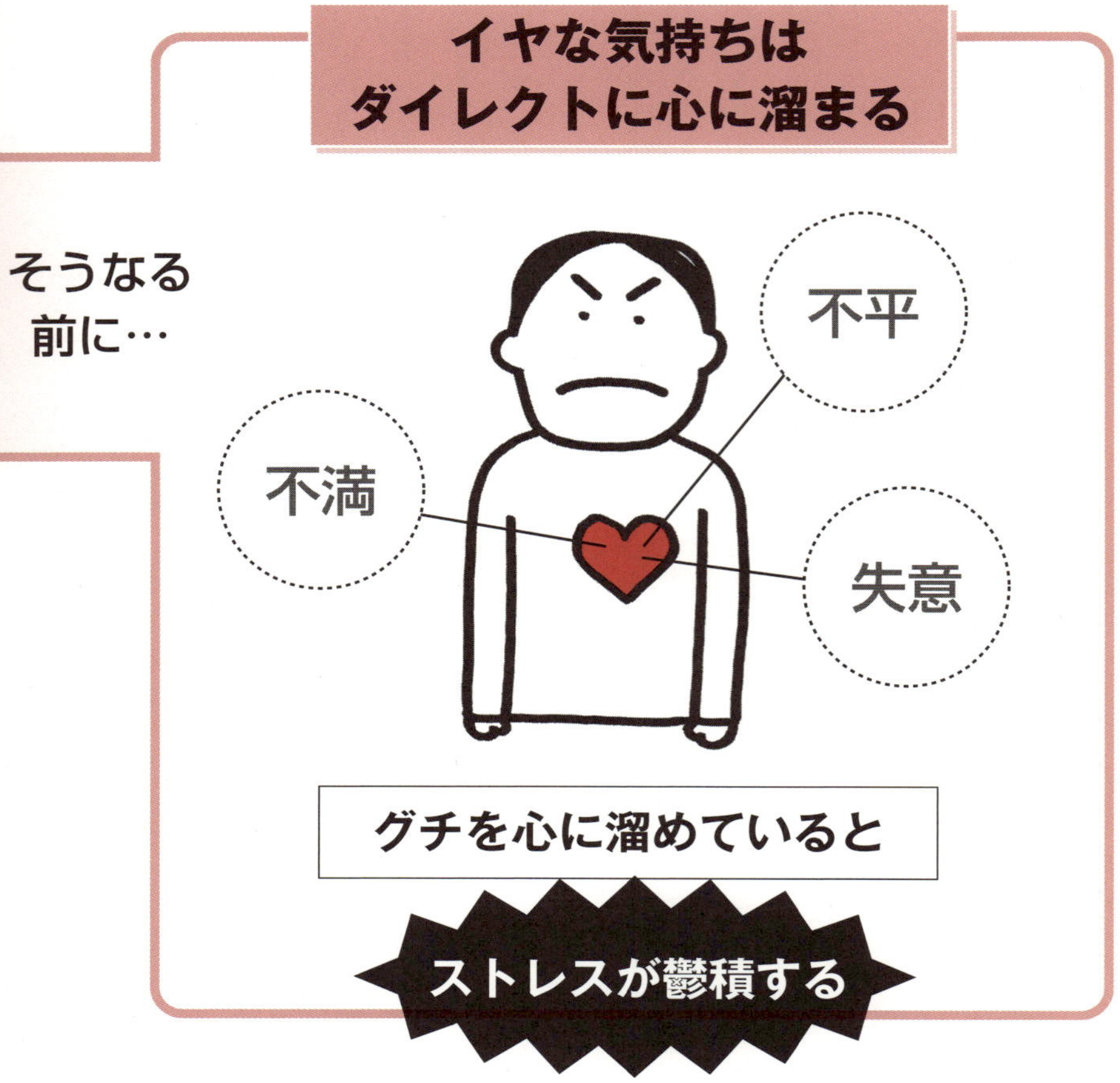
イヤな気持ちは
ダイレクトに心に溜まる
そうなる
前に…
不平
不満
失意
グチを心に溜めていると
ストレスが鬱積する

いつまでもイヤな気分を引きずらなくてすむ

グチには、どうしてもマイナスイメージがつきまとう。とくに男性は「グチを言うのは潔くない」と考えてしまう傾向がある。不平不満があっても口には出さず、自分の中に溜め込んでいる人も多いのでないだろうか。

しかし、グチを言うのはそれほど悪いことではない。というのは、心に鬱積《うっせき》した不満を口から吐き出すことで、ストレスを多少なりとも発散できるからだ。

ストレスを発散すると精神を浄化する力が働き、イライラした気持ちや怒りをおさめることができる。グチは、マイナス感情をいつまでも引きずらないための〝解毒剤〟でもあるのだ。

女性はこの解毒剤の使い方に長けている。会社や上司に対する不満を、給湯室やランチの席などで同僚と言い合うことで上手に発散させているのだ。

昼休み前にはピリピリした様子だった女子社員が昼休みの後にすっきりした表情で職場に戻ってきたら、誰かに思いきりグチを言ってウサを晴らしてきたとみていいだろう。

気持ちがすっきりすると仕事にも落ち着い

1
思い切りグチを言い合える仲間をつくる
グチ仲間
2
グチが溜まってきたことをときどき確認し合う
3
誰かに会って思いきりグチる
4
新たな気持ちでリスタートする
スッキリ

グチは精神に浄化作用をもたらす

て取り組めるうえ、周囲にも不快な気持ちを見せずにすむ。グチを素直に口に出してストレスを発散したことがプラスになっているのである。

　また、グチをこぼし合う相手とは絆が深まっていくというメリットもある。当然ながらそれができるのは信頼できる相手だけだ。誰かれかまわずにグチを言っていては、ただのうるさい人になりかねない。

　グチを言い合うことは、すなわちお互いが信頼し合っていることを確認することにもつながり、共通の悩みや不満をぶつけ合うことで連帯感を高めることができるのである。

仕事のストレスは職場で解消するしかないって本当？

　仕事で溜まったストレスを根本から解消しようと思ったら、やはり仕事の環境を改善するのが一番だ。ストレスの原因となっているものを洗い出し、仕事そのものへの取り組み方を改善することなどで心の重荷となっているものを取り除きたい。「仕事のストレスは職場以外に持ち出さない」というルールをつくって徹底するだけでも、仕事の取り組み方や職場での振る舞いは変わってきて、ストレスも軽くなるはずだ。

伸び悩む人に突然訪れる「ブレイクスルー」の法則

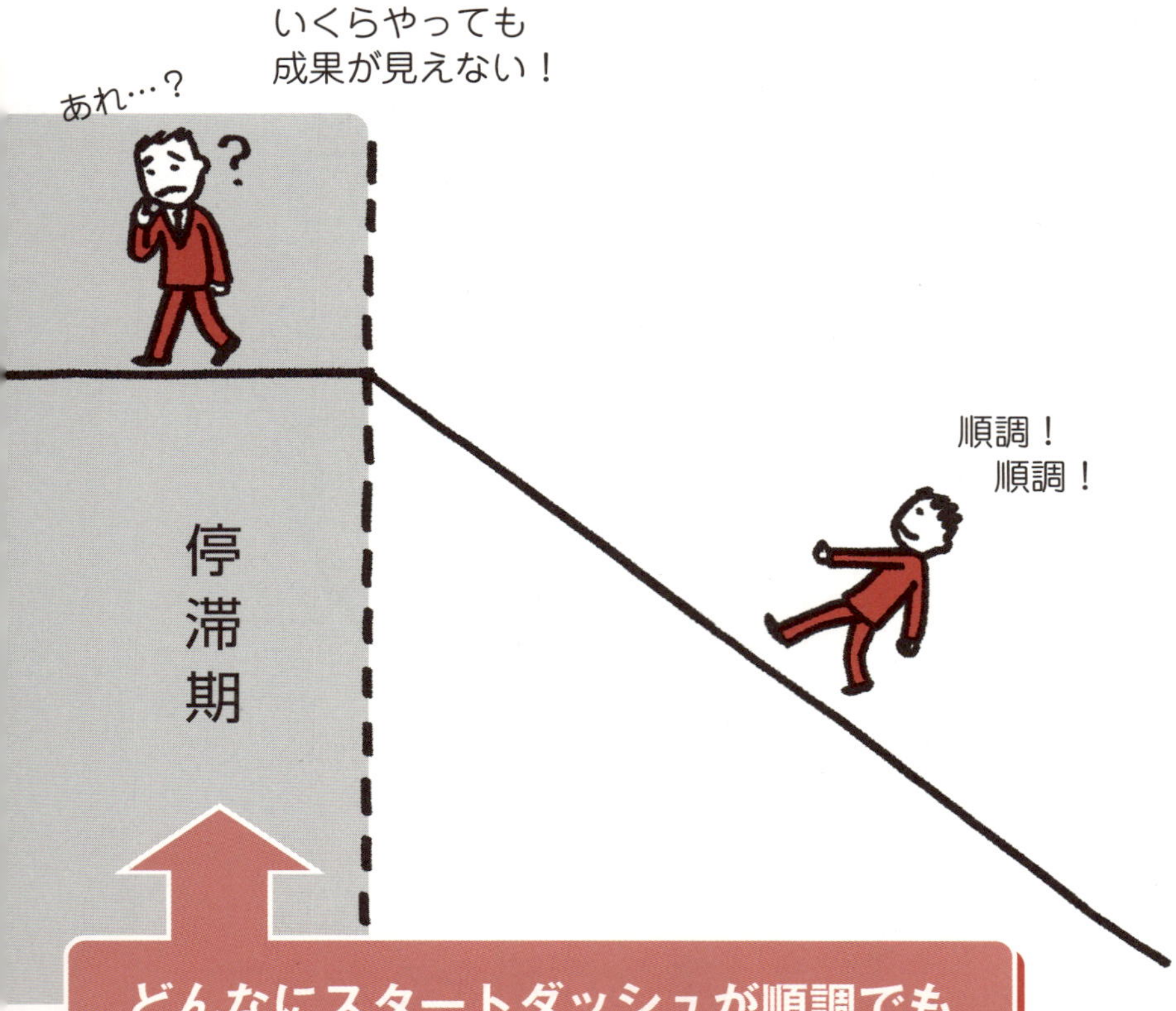
いくらやっても
成果が見えない！
あれ…？
順調！
順調！
停滞期

**どんなにスタートダッシュが順調でも
停滞期は必ず訪れる**

自分の「夢」は可視化すると実現に近づく

何か具体的な夢があるのなら、それを紙に書いて視覚化することをおすすめする。そうして書き出しておいた自分の「やりたいこと」を常に眺めていれば、その夢はいつしか当たり前のこととなって自分に刷り込まれていく。すると、脳がそれを叶える方法を見つけようと動き出し、いつしか夢に手が届くようになる。

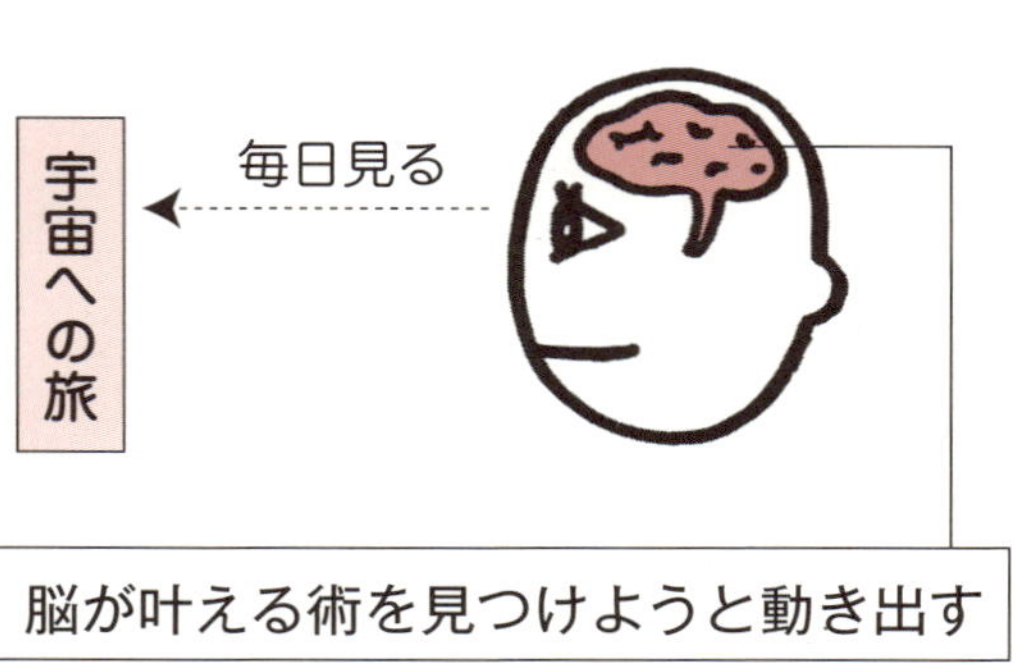
宇宙への旅
毎日見る
脳が叶える術を見つけようと動き出す

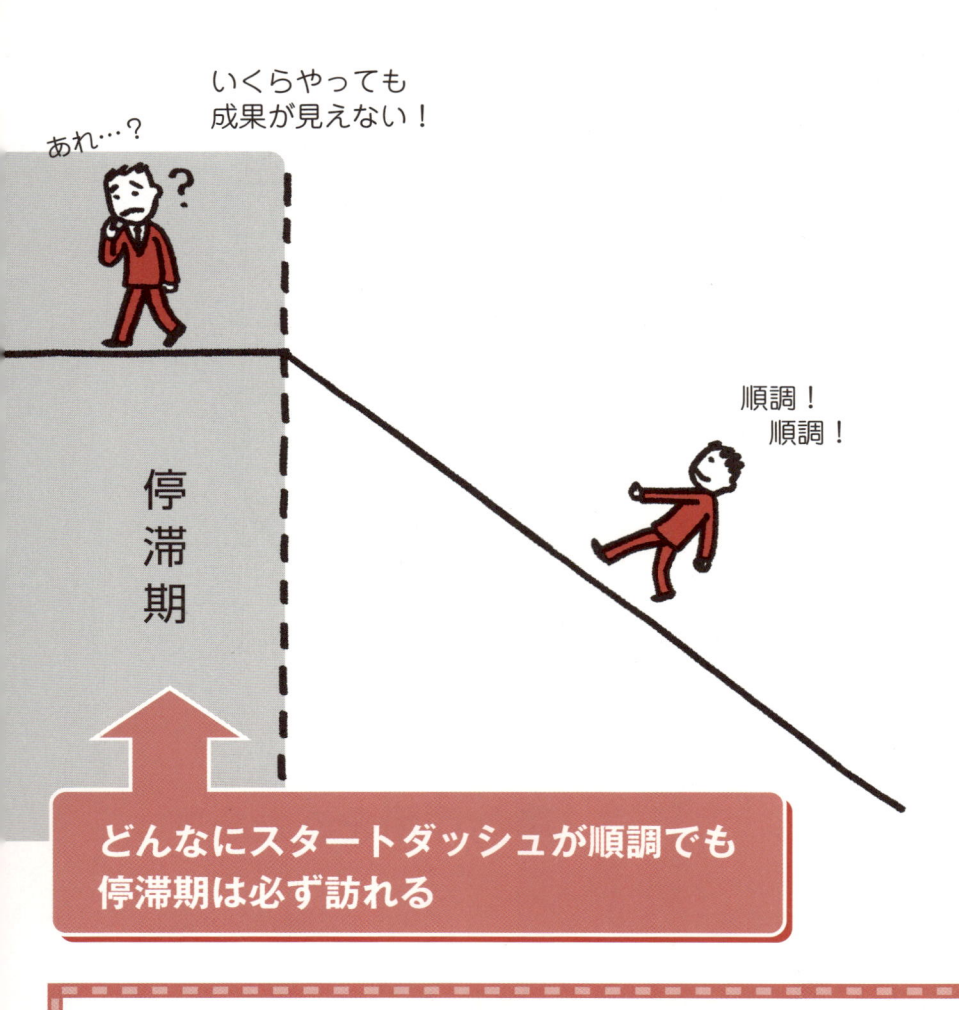

停滞期はこう過ごす

- 今やるべきことをコツコツとやる
- 「成果が出ない」からといって途中で投げ出さない
- 必ずブレイクスルーが訪れると信じているのでモチベーションが下がらない

一度ブレイクスルーを経験すると、「いつか突破できるときが来る」と考えられるようになるので、成果が現れないときでも努力を続けることができる

もうこれ以上は無理だと諦める前に知っておきたいこと

いくら努力をしてもいっこうに成果が見えないときがある。こんなときは、よほどのタフか、よほどの鈍感な人でなければ気が滅入るものだが、モチベーションが下がる前に知っておくといいことがある。

それは、停滞期の先には「ブレイクスルー」が訪れるという法則だ。すなわち、伸び悩んだ後には必ずそれが突破される瞬間があるということだ。

学生時代、それなりに勉強したという人なら身に覚えがあるかもしれないが、難解な数学の問題を解き続けていたら、ある時期を境に突然、法則が理解できるようになり、簡単に答えが導き出せるようになったというようなことがある。

また、部活や稽古事で伸び悩みながらもこつこつと練習を続けていたら、気づいたときには壁を越えていたということもある。これがブレイクスルーなのだ。

ダイエットにも同じことがいえる。減量を始めた当初は2〜3キログラムくらいはすぐに痩せるが、そこからしばらくは体重計の針がピタリと動かなくなる。それでも、諦めずに続けていると、やがてぐんぐんと体重が落ちるのだ。

つまり、ある一線を突破して次のステージに突入するために、停滞期は必ず通る道なのである。

この法則を知っているのと知らないのとでは大違いで、とくに一度体験した人は、とことん粘り強くなれる。なかなか成果の出ない仕事だとしても、すぐに「向いていない」などと投げ出さず、成長への停滞期だと解釈すれば強く、前向きな心を維持できるのだ。

コラム

ネガティブワードは心理状態にどんな悪影響を及ぼす？

negative word

使い方をちょっと変えれば好転する

「なくて七癖」ではないが、誰にでも自分では気づかない癖がある。普段何気なく口にしている口癖もそのひとつだ。

たとえば、よくあるのが「どうせ」という言葉。「どうせ間に合わない」とか「どうせできないから」など、言っている本人は別にネガティブだと思って口にしていないのかもしれないが、いつもそれを聞かされているほうは、そこまで卑屈になることもないのにと感じるものだ。

しかし、「言霊」といわれるように、口から発した言葉には霊力とまでいわなくても、やはり人の心を動かす何かしらのパワーがあることは確かだ。

しかも、いつもネガティブな言葉ばかりを連発していると、それを言っている自分自身が暗示にかかってしまう。

そうなると、どうしても前向きな気持ちにはなれず、人生が好転する機会を逃してしまいかねないのだ。

他人から注意されたくらいでは治らないのもまた口癖である。だから、まずは使い方を変えてみてほしい。

今まではうまくいかなくなったときに「どうせ○○ない」と否定的な意味で使っていたのを、「どうせ～」のあとに「今だけのことだ」とか「やればすぐ終わることだ」などと、できるだけポジティブなフレーズをつけるのだ。

また、「忙しい」「疲れた」が口ぐせの人は、言ってしまったあとに「でも、頑張ろう」とか「でも、まだやれる」と、やはりそれを打ち消すフレーズを付け加えてみるのである。

これを繰り返していると、いつの間にかネガティブな言葉を口にしたときに、それを打ち消すのが面倒になってくる。そうなれば、しめたものだ。

STEP 4

自分の感情をコントロールするテクニック

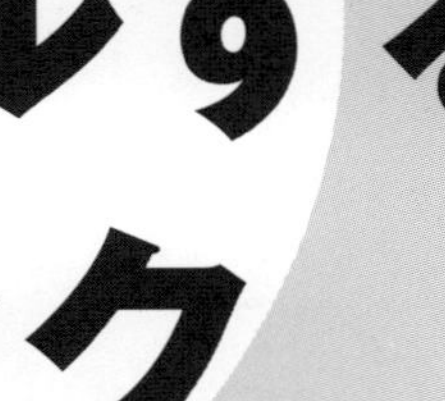

STEP 4 自分の感情をコントロールするテクニック

マイナス感情を確実に減らす「ペンディング」の極意

困難に立ち向かわなければ何も解決しない？

こんな状態に陥ったら…

わがままな恋人
相性が悪い同僚
苦手な上司
ケンカが
絶えない母親
うるさい隣人

一人ひとりに立ち向かっているとストレスが増大する！

＝

マイナスの感情に心が支配されて疲労困ぱいしてしまう

困難に立ち向かいすぎない方法もある

「困難から逃げずに立ち向かわなければ、問題は解決しない」。こんな教訓はよくあるものだ。しかし、現代社会にはさまざまな困難がありすぎていちいち立ち向かっていたらよほどのタフでなければ身がもたない。

とくに対人関係では、「いやな言い方だ」「苦手なやつだ」という負の感情が強いと、神経がクタクタになってしまう。相性の悪い上司や同僚、常識知らずの部下など、職場だけでも悩みの種はごろごろ転がっている。さらにプライベートでも失恋や離婚など、心を弱らせる出来事は少なくないのだ。

こんなときには無理に感情を変えようとせず、いったん「保留」するといい。

なぜなら、負の感情はそんな簡単に消えるものではない。その対象へのこだわりが深ければ深いほど、下手な画策をすればますますその感情が増大し、今度はいつまでも心の中に大きな負の塊となって残ってしまうからだ。

仕事でもアイデアが煮詰まったり、調整がうまくいかなかったりして「ペンディング」になることはよくある。そんなときも、間を置いて再び手をつけてみれば、まったく違う角度で見直せることがあるものだ。

これと同じように、苦手な上司がいても今すぐ関係性を改善しようと考えなくてもいい。むしろ、「合わない相手はどこにでもいる」とか「この人に嫌われても死にはしない」と割り切ってみよう。

失恋に関しても同じである。「彼女が運命の人だったのに！」などと決めつけて必要以上に嘆かないほうがいい。縁がなかったとあっさり考えて、関心を薄めていく。そのうち、心にも少しずつゆとりが生まれてくるだろう。

「保留」や「凍結」というと後ろ向きな考え方だと感じるかもしれないが、必ずしもそうではない。むしろ、負の感情を小さくしてより早く前向きになるための、必要なモラトリアムなのである。

嫌いな相手には、“しっぺ返し作戦”で乗り切ろう！

やられたらやり返す！　これは心理学で「テット・フォー・タット作戦」といわれるテクニックだ。たとえば、相手が敵対的な態度を示してきたら同様に敵対的な態度を、反対に協調的な姿勢を見せたら協力をする。これを続けていると、相手はこちらの出方しだいでやりやすくなったり、逆にやりにくくなったりすることに気づくのだ。

マイナスの感情を保留する

たとえば

・苦手な上司

「嫌われたところで死ぬわけじゃない」

・相性が悪い同僚

「そばにいるとむこうも気分が悪いだろうから、かかわらない」

…

心の中を支配しているマイナス感情の動きをいったん止めて「ペンディング」にしておく

↓

時間が経つと関心が薄まる

メールが手放せない人の心のメカニズムの秘密

意味のない
やりとりを
延々と繰り返
してしまう

メールが来た
ら、すぐに返
信しなければ
気がすまない

返信がないと
不安でしょう
がない

自分からメー
ルを終わらせ
ることができ
ない

メール依存症に陥っている人に見られる“症状”

便利で手軽な携帯メールにひそむワナとは…

　メールがくると何はさておき返信をしなくては落ち着かない。返信をするとさらにそれに対する返信を期待してしまう。その結果、他愛のない内容で延々とメールのやりとりが続いてしまう…。

　こういった〝症状〟に思い当たる人は、すでに「メール依存症」になっているのかもしれない。

　たとえば、相手から連絡がないと「何か相手の気に障るようなことを書いたかな」などと心配でたまらない。返信をしないと相手が「気分を害するかも」とか「今後メールをくれなくなるかも」などと考えて、それほど大事な用事もないのに返信を続けてしまう。

　つまり、相手に自分の用件や思いを伝えたいためにメールをしているのではなく、相手から嫌われたくないためにメールをし続けているのである。そのため、自分からはメールを終わらせることができないのだ。

　もしエンドレスに続くメールを苦痛に感じたら、自分でピリオドを打つ努力をしてみよう。

　重要でないメールのやりとりは、思い切って自分から返信をやめるだけだ。そのときに、相手に嫌われるかもなどと考える必要はない。むしろ、「相手もメールの返信をいつやめようかと悩んでいたはず。私が返信をしなければ、今ごろは自由に時間を使っているはずだ」と自分に都合のいいように考えるのだ。

　実際、メールがいつまでも続いてしまう場合、相手もメールに依存している可能性が高い。止めたくても止められない状態から抜け出せて、相手も内心ほっとしているはずなのだ。

　ときには携帯の電源をオフにする日や時間帯があったっていい。メールに縛られないことで、仕事や趣味にも集中できるだろう。

　返信が途切れたくらいでつき合いにひびが入るようなら、その程度の友達だったのだ。

処方せん

・エンドレスにやり取りをしてしまう人
自分からメールを終わらせられない人

「相手も早くメールをやめたいと思っているはず」と考えて返信をやめる

・すぐに返信しなければ気が済まない人

数時間、携帯の電源を切って、しばらくクールダウンする

返信が途切れたことでつき合いにひびが入ったら、「それまでの仲だった」と割り切る勇気を持つ

コミュニケーションで失敗しないための携帯メール術

　人は顔をつき合わせて話をするときには、言葉だけではなく視線や身振り、手振りなど全身を使ってメッセージを送っている。ところが、メールではわずかな言葉に託すしか術がないため、相手が一方的な思い込みでメッセージを受け取ってしまうことがある。これを「妄想性認知」というのだが、そのままやりとりを続けていると思わぬ気持ちのすれ違いが起きたりする。最初からメールだけで100%コミュニケーションを図るのは無理なのである。

STEP 4　自分の感情をコントロールするテクニック

責任を「他人のせい」にするのはなぜダメなのか

他人のせいにすると気持ちは一瞬スッキリするが、後ろめたさが残る

後ろめたさを隠そうとするために、「自分は悪くない」と思い続ける

自己を正当化していると心はむしろ安定しない

会社では、集団責任で仕事を進めるケースが多い。同僚のしでかしたミスなのに、自分も一緒になって上司や取引先に謝らなければならないこともある。そんなとき表面上は神妙な顔つきをしていながら、腹の中ではミスをした張本人を恨みたくなってしまうものだ。

でも、「自分は悪くない、悪いのはあいつだ」と思っていると、安易に自分を正当化してしまいやすい。

しかしそれでは、心の安定はキープできない。なぜなら、うまくいかないことを周囲のせいにするのは簡単だが、それでは自分自身の抱えている問題を根本的に解決することができないからだ。すると、同じような事態が繰り返され、その度に「自分は悪くないのに」とイライラすることになる。

むしろ、「自分は本当に悪くないのか」「自分にできることはなかったのか」と考え直してみるほうがいいのだ。

「大丈夫だからと言われたから任せた」といっても、さりげなくフォローができたはずだし、「何度も注意した」といっても、注意のしかたが適切ではなかったかもしれない。そ

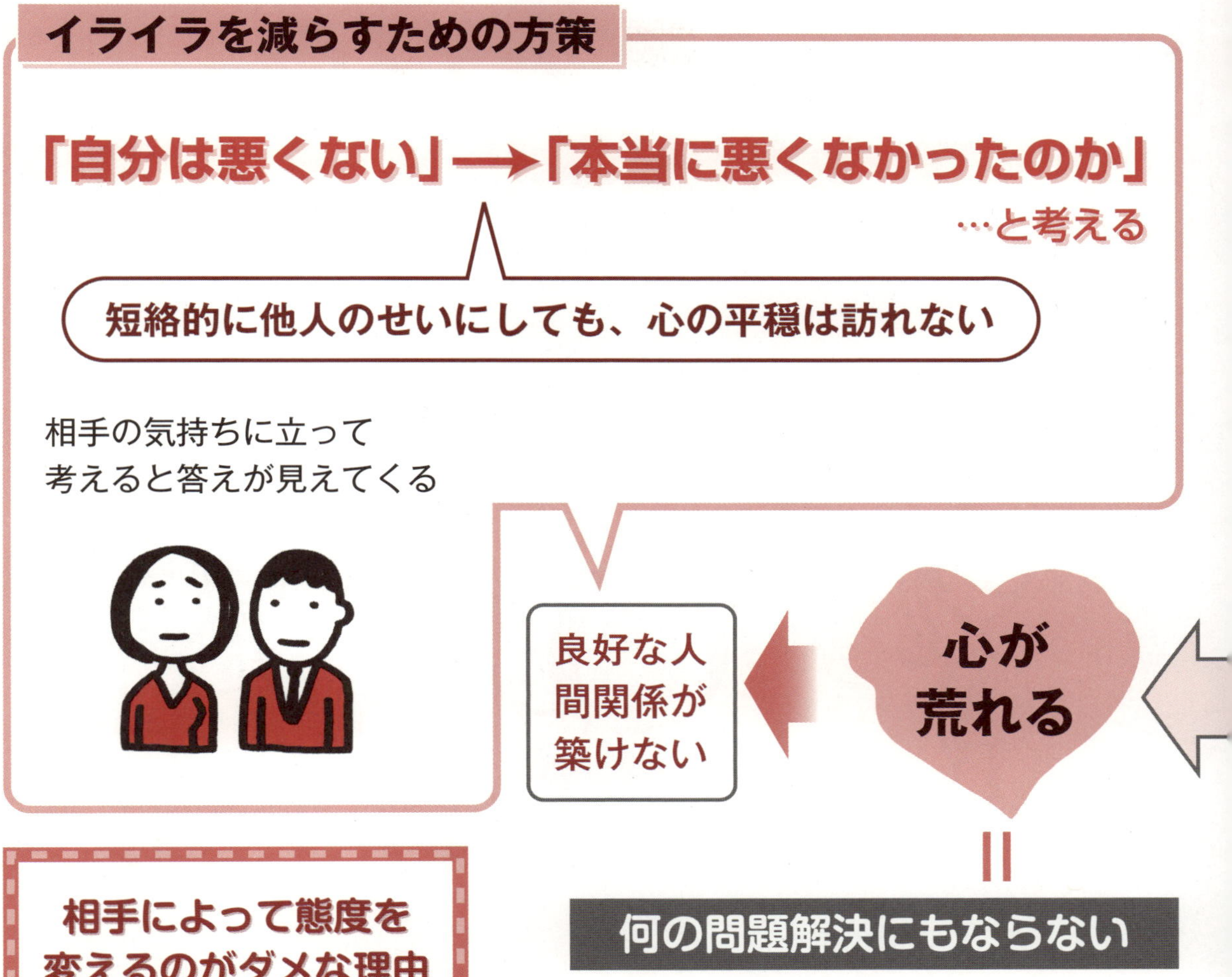
イライラを減らすための方策
「自分は悪くない」→「本当に悪くなかったのか」
…と考える
短絡的に他人のせいにしても、心の平穏は訪れない
相手の気持ちに立って
考えると答えが見えてくる
良好な人間関係が築けない
心が荒れる
＝
何の問題解決にもならない

相手によって態度を変えるのがダメな理由

部下には威圧的な態度をとるのに、自分より力のある人には媚びへつらう人がいる。こういう人は、自分より力のある相手に取り入って、自分の足りないものを得ようとしているのだ。つまりは、自信がないのである。しかし、これでは誰からも信頼されなくなってしまう。心当たりがあるなら自分を客観的に見つめ直してみよう。

う考えられたら、必ず次に活かせる改善策が浮かび上がってくるはずだ。

「あいつのミスになぜ、もっと早く気づいてやれなかったんだろう」と自省できたら、それこそ器の大きな人と評価され、周囲から信頼を得ることもできる。

「すごく忙しいのに誰も手伝ってくれない」とか「何も教えてくれない…」といった被害者意識にも同じことがいえる。うまくサポートしてもらえない原因は、自分にもあるのでは…ととらえて、一度自分を客観視してみよう。

じつは、人を寄せつけないようにしているのかもしれない。心を開いて声をかけることで、ストレスを解放できることもあるのだ。

STEP 4 自分の感情をコントロールするテクニック

嫉妬心をプラスのエネルギーに変える方法

嫉妬にはプラス面とマイナス面がある

あの人はいつも恵まれている
この人ばかりいい思いをしていてズルい
昇進
嫉妬心

プラス面

・自分が嫉妬心を抱いている相手が持っているものを欲している

↓

自分の目的が見える

マイナス面

・相手の失敗を望むようになる

・もののとらえ方が悲観的になる

・精神のバランスを崩す

友達の恋人がよく見えてしまうのはどうして？

友達の恋人を見て「うらやましい」と思う心理の裏側には、自分の彼女への不満が隠れていることが多い。だが、もっと深く分析すると、この不満は自分自身に対するものであるケースが少なくない。これは心理学の世界では「投影」と呼ばれるもので、自分の嫌いな面を相手の行動の中に見出して、自分を嫌いになる代わりに相手のことを非難してしまうのだ。

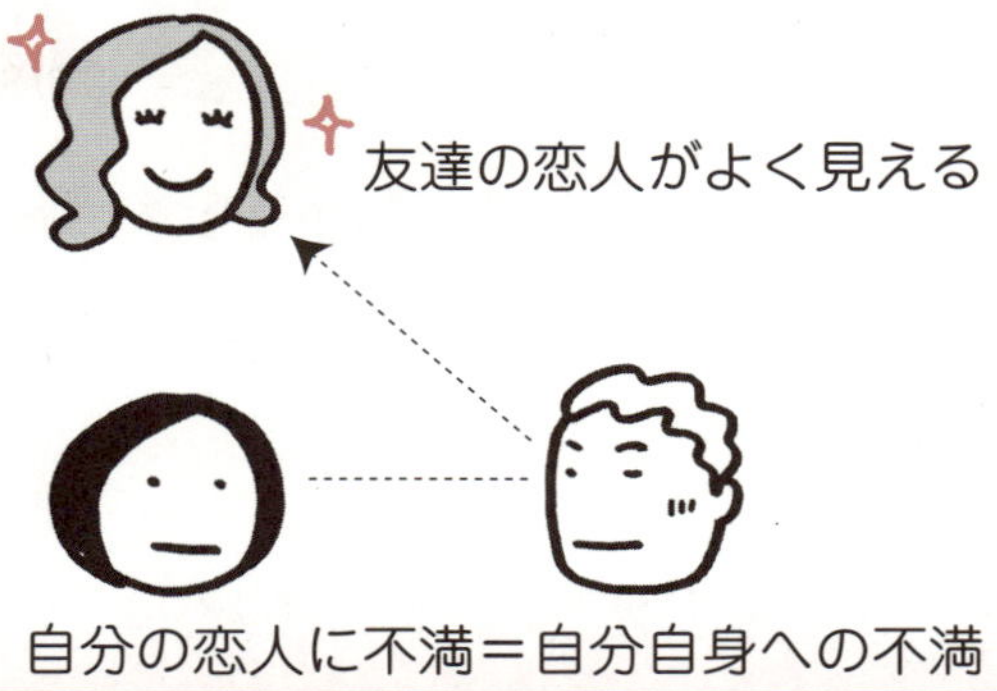

友達の恋人がよく見える
自分の恋人に不満＝自分自身への不満

嫉妬心を感じたら…

「嫉妬心は人間なら誰もが多少は持っているもの」と考え、嫉妬心と正面から向き合うようにする

嫉妬の先に人生の目標が照らし出される

人間は昔から誰でも、他人への嫉妬に悩まされてきた。

その証拠に、名作といわれて現在も読み継がれている古典のなかにも「嫉妬」をテーマにした作品は少なくない。たとえば、シェイクスピアの４大悲劇のひとつである『オセロー』はその典型で、主人公のオセローは嫉妬心にかられて最愛の妻を失い、最後には自分の命を絶ってしまうのだ。

そのため、嫉妬という言葉にはどうもネガティブなイメージが強い。

ところが、この嫉妬心は使い方ひとつで、毒にも薬にもなるのである。試しに、自分がどんな相手に嫉妬するかを分析してみよう。

嫉妬したり、うらやましかったりする相手とは、あなたが欲しいと思っているものをすでに手にしている人物ではないだろうか。それは相手の名声や経済力、あるいは仕事のスキルや理想的な恋人の存在かもしれない。

つまり、自分の嫉妬心のほこ先を見つめることで、自分が本当に欲しているものや、人生における目的が照らし出されるのである。こうして自分の目的を見つけることができたら、あとはその目的を達成するためにどうすればいいかを考えればいいのだ。

ところが、嫉妬心が一度負の方向に働いてしまうと、相手の失敗を望むようになったり、激しい感情から精神のバランスを崩してうつに陥ってしまうことさえある。まさに劇薬である。

そんなときには、「嫉妬心は生まれながらに誰もが持っているもので、嫉妬することは必ずしも悪いことではない」と自分に言い聞かせてみよう。

そうすれば嫉妬心もプラスのエネルギーに変えることができるのだ。

後悔する気持ちをシャットアウトするコツ

こんな気持ちで心がいっぱいになってしまったら

ああ、失敗した…

あの時、ああやっておけば…

なんで、もっとチェックしなかったんだろう…

マイナス感情にとらわれると冷静な判断力を失う

会議に提出する書類で計算ミスをした、商品の発注数を間違えた…。こんな失敗は誰にでもあるものだが、まじめな人ほど「もう一度チェックしておけば…」「俺ってダメだなあ」と、いつまでも自分を責め続けてしまう。

　こうしたマイナス感情は、即座に切り離してしまったほうがいい。マイナス感情にとらわれると悪い部分にしか目がいかなくなり、冷静な判断力が失われてしまうからだ。

　ぐずぐずと悩んだところで起きてしまったことは変えようがない。マイナス感情をできるだけシャットアウトし、結果を冷静に受けとめるようにするべきである。

　最近のスポーツ選手は、負けても「結果が出せなくて申し訳ありません」ではなく、「全力を尽くしました」といった言い方をすることが多い。しかもマイナスの部分を「強化して次の大会に臨みたい」と未来に目を向ける。

　これは自分を客観視できている証拠だ。こうした姿勢を取り入れるのである。

　自己の思考や感情を異なる視点から見直すことを「メタ認知」と呼ぶ。パニック感情をいったんフリーズさせ、一段上から眺めると、自分がどう行動すべきなのかが見えてくるのだ。

　たとえば、「書類に計算ミスがありましたが、訂正して大至急で差し替えていますので、○○までには仕上がります」と、対応策を報告すれば頭ごなしに怒鳴られることもないはずだ。

　いきなり、マイナスの感情をシャットアウトさせるのが難しいときは、大きく深呼吸をする、お茶を飲む、いったんデスクを離れるなどのインターバルを入れてもいい。自分なりの〝儀式〟で心を落ち着かせるのである。

　ミスをしない人間などいないのだから、失敗を自分のマイナス評価へとつなげていかないことが肝心なのである。

シャットアウトする

気持ちを切り変える

失敗はしたが、その後の処理が早かったので大きなトラブルにはならなかった

今後は気をつけよう

次はベストを尽くす！

マイナス感情をシャットアウトするトレーニング

マイナス感情が湧きはじめたら

- 大きく深呼吸する
- お茶を飲んで心を落ちつかせる

- いったんその場を離れる

「言い訳ばかりする人」の心の中は？

失敗することが怖くて次の一歩が踏み出せない人は多い。そんな人は弱い心を認めたくないために、いろいろな言い訳を考えて自らを納得させようとするものだ。新しいことにチャレンジしようとしても失敗が恐くて勇気が出ないというときは、“マイナスの言葉”を“プラスの言葉”に置き換える習慣をつけるといい。「失敗したらどうしよう」ではなく「成功させてみせる」、「きっと無理だ」は「何とかなるだろう」と自分で自分を奮い立たせてみよう。

「緊張」を楽しめる人が実践する3つの手順

あがりませんように…
うまくいきますように…
失敗しませんように…

「～しないように」と念じれば念じるほど逆の結果を招いてしまう

↑

努力逆転の法則

失敗してはいけない ▶ 頑張りすぎる ▶ 失敗する

練習するほど失敗してしまう原因

就職試験での面接や仕事でのプレゼンテーション、結婚式のスピーチなど、毎日の生活のなかで緊張を強いられるケースは多い。

だが、あがらないようにと思えば思うほど、手に汗を握り、口は乾いて、心臓はドキドキする。さんざん準備したつもりなのに、いざ本番ではしどろもどろで言いたいことも言えず…ということになってしまう。

じつは、たいていの人は「～しないように」と念じれば念じるほど、かえって反対の結果を招いてしまっているのだ。これを心理学では「努力逆転の法則」という。

失敗してはいけないと頑張ると、失敗のイメージが大きくなりすぎてしまうのである。そこでまず「誰でも緊張して当たり前」だと開き直るのだ。

適度な緊張はあったほうがいい。だらけていると、それはそれで失敗の元になる。要は、緊張にのまれないようにすればいいのである。

そのいい例が、イチローや石川遼など大舞台での本番に強い一流スポーツ選手たちだ。彼らは別に緊張していないわけではなく、むしろ緊張を味わいつつそれを上手にやる気へと変えて、プレッシャーに打ち克っているのだ。

つまり、緊張を楽しむ心の余裕は、コツコツと地道な練習や努力を積み重ねたことから生まれてくるのである。

面接やプレゼンであがらないためにも準備はできる限り念入りにしておくことだ。自分の考えや意見をあらかじめしっかりとまとめて、この質問にはこう答えるといった想定問答集を作っておくのもいいだろう。

準備が整ったら、次はイメージトレーニングである。今度は頭の中でそれらのシーンを繰り返し想像するのだ。もちろん成功をイメージして締めくくる。

脳は現実に起こっていることも、イメージトレーニングも同じにみなすといわれている。頭の中で何度もイメージトレーニングを積み重ねておけば、本番になってもイメージどおりにことが運べるようになる。

あとは本番直前に、深呼吸などで心身ともに十分にリラックスさせておこう。事前の準備とイメージトレーニングが功を奏して、適度な緊張感のある本番が迎えられるはずだ。

緊張を楽しむ3つの手順

①「誰でも緊張して当たり前」だと開き直る

②念入りな準備をする

③本番のイメージトレーニングを十分に行う

不安や恐怖心に打ち克つには？

社運がかかったプレゼンの責任者に選ばれ、期待に応えられるかどうか不安や恐怖は増すばかり…。こんな場合の不安や恐怖の正体は「プレゼン」ではなく、「どう対応できるか」という「自己の対処能力」にある。つまり不安の正体を見極めてその対処法を考えれば、簡単に自分を落ち着かせることができる。

周囲の協力

＋

経験

↓

心が強くなる

STEP 4 自分の感情をコントロールするテクニック

抑えきれない感情をコントロールする技術

こんな場面に見覚えは？

感情が爆発してしまいそうな時は

①まず、黙って最後まで相手の言葉に耳を傾ける

②大きく深呼吸する

③心の中で５秒カウントする

④「わかりました」と相手の言い分をいったん受け入れてから、自分の考えや意見を言う

自分の「欲求」には正直に従うべきか、大人として抑えるべきか

人の心の中では、思うがままに何かをしたいという行動欲求と、万が一に失敗したときに自分が傷つくことを恐れる自己愛の葛藤が日々行われている。しかし、多くの場合は自己愛のほうが上回り、無意識のうちに傷つくことを恐れて自分にストップをかけてしまう。だが、かなえたい夢や目標があるときには自分の欲求に対して素直に、そしてガムシャラになってみよう。

マイルールで衝動に打ち克つ

自分の中の欲求がどうしても抑えられずに、衝動買いをした経験は誰にでもあるだろう。ちょっとした買い物程度なら、ストレス解消でいいが、他人に迷惑をかけたり、人生を狂わせるような衝動は野放しにしてはいけない。

たとえば会社で、上司に注意を受けてついカッとなり、言うべきでないことを言ってしまうことがある。こんなとき、売り言葉に買い言葉で辞表まで叩きつけてしまうようだと、人生が左右されることにもなりかねない。

あまりにも衝動に突き動かされる人は、その先の人生も似たことを繰り返しかねない。それでは自分自身が損をするだけだ。

では、どうすればいいか。まず、自分で簡単なルールを決めることから始めよう。

たとえば、上司から注意を受けるとしよう。そんなときは、①とにかく最後まで耳を傾ける、②深呼吸をする、③心の中で5秒数える、④「わかりました」と相手の意見を受け入れてから「しかし、今回の場合…」と自分の意見を言う、という具合に独自のルールを決めておくのである。

さらに、それをより意識的にするためには、紙に書いてポケットやパスケースに入れておくといい。そして、衝動的になりそうなときに服の上から紙の入れてある箇所を触り、マイルールを何度も念じるのだ。

また、つい衝動買いに走りやすい人は「カードで買い物をするのは月2回まで」とルールをつくり、サイフの中にその紙を入れておく。買い物のたびにその紙が目につくからしだいにルールは内在化し、「今回は買うのを止めておこう」と自制が働くようになる。

〝マイルール〟をつくって衝動をコントロールすることは、人生をコントロールすることにつながるはずである。

水に流したい怒り、根に持つべき怒り

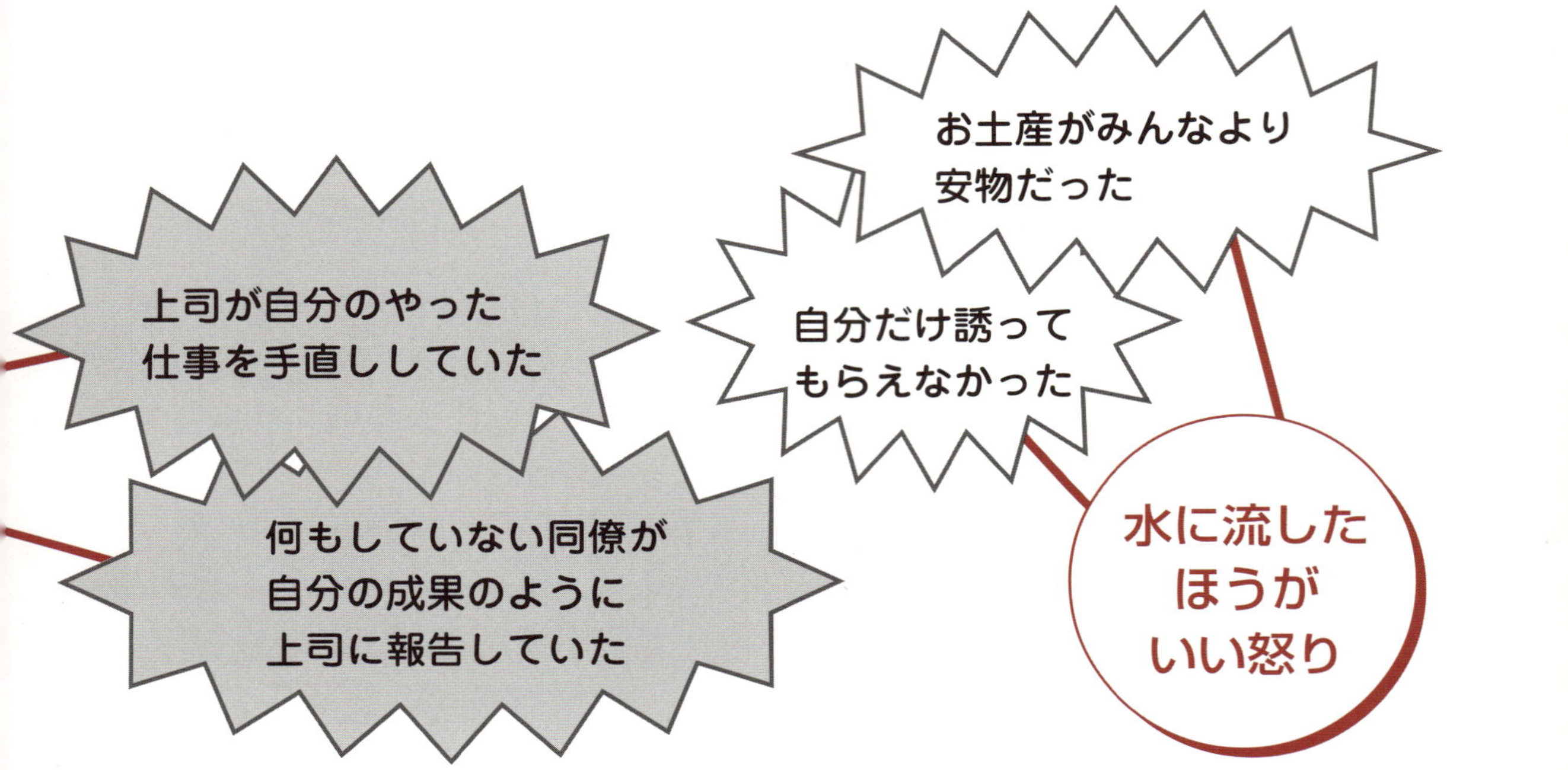
お土産がみんなより
安物だった
上司が自分のやった
仕事を手直ししていた
自分だけ誘って
もらえなかった
何もしていない同僚が
自分の成果のように
上司に報告していた
水に流した
ほうが
いい怒り

バネにできる怒りをどう見極めるか

サスペンスドラマなどを見ているときに、「この人が犯人に違いないよ」「そういうことをしそうな顔だ」などと決めつける人がいる。実際の世の中でもそうで、いろいろな人が無責任に言いたいことを言い、他人を勝手に評価するものだ。

だから、人の言うことなどたいていの場合はいちいち気にすることはない。水に流して忘れたほうが、精神衛生上もいいのである。

しかし、根に持ったほうがいい場合もある。根に持つことで、人生のバネにするのである。

たとえば、「自分だけランチに誘ってもらえなかった」とか、「お土産が他の人のより小さかった」といったことは、悔しさを人生のバネにするようなことではない。さっさと忘れてしまうに限るだろう。

でも「自分のやった仕事を上司がやり直していた」という場合はどうだろう。感謝すべきなのかもしれないが、自分のしたことは無駄だったのかと言いようのない不快感を持つものだ。

また「君の企画は○○さんのとそっくりだね」と言われたら、それが悪いと言われたわけでなくてもオリジナリティを否定されたよ

うで、正直不愉快になる。

　こんな場合は、されたことや言われたことを根に持つといい。「よし、次は上司の鼻をあかしてやる」とか「二度とそっくりだなんて言わせないぞ」と、気持ちを奮い立たせれば自分を成長させるチャンスになるからだ。

　嫌なことは忘れて前向きに生きようという人はいるが、嫌なことを心の成長の糧（認知的リソース）にするほうが人生をよくできる。

　何を人生の一大事と考えるかは、人それぞれだ。すぐカッとくるようなことは、たいていの場合、人生の一大事ではないのである。

心に浮かぶ「問い」と「答え」で人生を変えてみる

　つまらない失敗を重ねてしまうと、「なんでこんな失敗ばかりするのだろう？」と自分自身を問い詰めたくなってしまう。ただし、こんな抽象的な質問では明確な答えは得られないし、いつまでも悩み続けるだけだ。そこで「失敗した過程をチャートにしたらどうなるか？」と自分に具体的な質問を投げかけてみよう。この問いと答えを繰り返していけば、次のチャンスでは挽回できるはずだ。

根に持ったほうがいい怒り

＝

次は必ず自分の実力を認めさせてやる！

…と自分を燃え上がらせることができる

↓

怒りを封印して前向きに生きるばかりがいいとは限らない

コラム

自分のことがわからなくなったときの自己分析のコツ

自分の性格を４つに分析してみる

婚活や就活などで他人から評価されることがある。そんなときに自分では気がつくことがなかった長所や短所を言い当てられたことはないだろうか。「近くて見えぬは睫《まつげ》」ではないが、自分のことが一番わかっていないのは当の本人だったりするものだ。

そんなときに、せっかくの他人の指摘を素直に受け止められずに腹を立ててしまわないように、改めて自分の性格や癖を再認識しておきたい。

そんな自己分析に便利なのが、アメリカの心理学者であるジョセフとハリーが推奨する「ジョハリの窓」である。

まず、自分自身を大きな１枚の窓だと仮定して、さらにその窓は４つの特徴から成り立っていることをイメージする。

この４つの特徴とは、「自分も他人もすでにわかっている部分」（A）と「自分しか知らない部分」（B）、さらに「他人しか知らない部分」（C）と「自分も他人も気づいていない部分」（D）に分類される。

大きさの違いはあれど、どんな人でも自己認識においてはこの４つの部分を持っているのだ。

では、実際にこの窓を紙に書いてすでに自覚している長所や短所、さらに周囲の評価など、自分の特徴をその中に書き分けてみよう。

そして、周囲の意見にも真摯に耳を傾けて「C」や「D」の部分を減らし、「A」の部分を少しずつ広げていくのだ。

こうすることで、自分自身をより深く理解できるようになるのである。

STEP 5

人生が変わる！
しなやかな
心のつくり方

害のない人をやめて、信頼できる人になる！

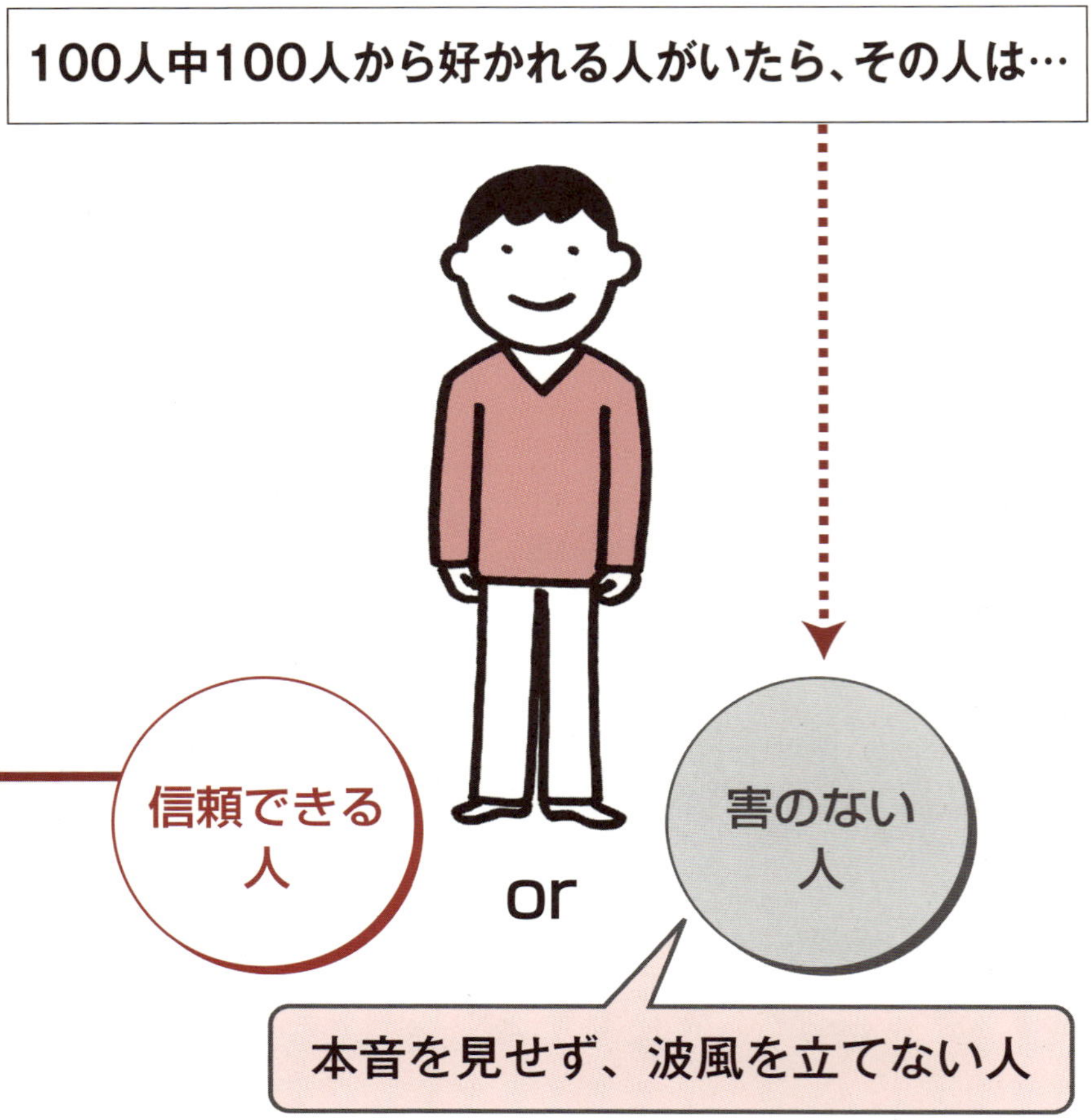
100人中100人から好かれる人がいたら、その人は…
信頼できる人
or
害のない人
本音を見せず、波風を立てない人

誰からも好かれようとすると人間関係はキツくなる

子供のころは誰からも好かれる〝いい子〟がよくほめられたものだ。しかし、大人になってから過去を振り返ると、「すべての人から好かれる」なんてことはありえないということに気がつくものだ。

にもかかわらず、ほとんどの人は誰からもよく思われたいという気持ちが捨てきれないでいる。

これは人間関係のストレスを知らず知らずのうちに溜め込んでいるからかもしれない。

百歩譲って誰からもいい人だと言われる人がいたとしよう。その人は本当にいい人なのだろうか。単に他者とのぶつかり合いを避けているだけではないだろうか。

本音を見せずに波風を立てない人は、確かに誰からも嫌われない。しかしそれはあくまで害のない人なのであって、信頼できる親友にはなれないだろう。

なぜなら、本音で人と接しようとしていないからだ。

したがって、誰からも好かれようとすれば、逆に誰からも真に信頼されていないという状況になってしまうことをまず認識したい。

他人から信頼される人になるための大原則

「この人なら」と思える人と信頼関係を築きたいと思ったら、相手が自分に対して何を期待しているかを考えて行動するといい。人は自分の期待に応えてくれる人に対して誠意を感じ取り、受け入れようという気持ちになるからだ。ただ、取り入ろうという気持ちになってしまうと相手に敬遠されかねない。自分がよかれと思った行動がまったくの的外れにならないように、相手をよく見ることが大切だ。

- 人に対してきちんと心が開ける
- 考え方に筋が通っている
- 相手にとって否定的なことでも正しいと思ったら助言できる

- 他人との激突を避けて自分の意見を押し殺す
- みんなにいい顔をする

＝

一見、いい人に思えるが、誰からも信頼されない

↓

かえって孤独になる

一歩間違えば、こういう人はみんなにいい顔をする八方美人とか、無難なことしか言わない人、何を聞いてもおもしろくない人、といった悪いイメージを持たれかねないのだ。

「いい人になろう」「誰からも好かれる人になろう」という思考は、かえって人間を孤独にする。100人の顔見知りを持つより、少数でも他人に深く信頼される人間になったほうが人生は豊かになるのである。

一歩を踏み出せるかどうかが大きな分かれ道

ほんとうは会社をつくりたいんだが…
でも年齢が…
お金が…

本当にやりたいことであれば、「できない理由」を捨ててまず行動を起こす

▼

「やりたい」という本能に従って突き進めば、ゴールは必ず近づいてくる

大人はなぜ、子供のように欲求に正直になれないのか

小さな子供は、おもちゃが欲しい、そのお菓子が食べたいという欲求に正直である。そして、それを手に入れるために泣いたりぐずったり、手段を選ばずに行動している。

だが、これが大人となると、子供ほどストレートに動けなくなってしまう。タイミングや段取り、効率的な方法など、さまざまなことを考えはじめて、波風の立たないベストな方法をとろうとするからだ。

とはいえ、本当にそれが必要なことと感じたのなら、大人だってあれこれ考えるより先に行動したほうがいいに決まっている。

たとえば、どうしても会いたい相手がいたら会いに行こう。それがどんなに遠いところで、会うのに難しい条件があったとしても、強い思いがあれば実行に移すべきである。

もし、何かと理由をつけて会いに行かないとすれば、その会いたいという気持ちはたいして強くないのだともいえるだろう。

また、もし実現したいことがあるのなら、理屈で考えずに情熱に従ってとにかく一歩を踏み出すべきだ。ピアニストになりたければ、毎日ピアノを弾く。作家になりたければ、ひたすら書く。水泳選手になりたければ、泳ぎ続けるのである。

本当に強い思いがあれば、その思いに沿って自然と行動も伴うはずだ。ベストなタイミングや段取りにこだわらず、ある意味子供のように、意欲と情熱を忘れずに突き進もう。その強い思いから未来の扉は開かれるのである。

「ありがとう」が言えると、人生は変わりだす！

「ありがとう」が言えないのは自己防衛が強いから⁉

プレゼントをもらったり、人に何かしてもらったときに、本当はうれしいくせにそっけない態度をとってしまう人がいる。

じつは、相手に対して必要以上に気がひけてしまう人や、悪いなと感じてしまうような人のほうが、このような心にもない態度をとってしまうことが多い。

その背景にあるのは、自己防衛の意識である。

そもそも、ふだんから遠慮がちな態度をとるということは、じつは他人と距離感をとって自分を守ろうという自己防衛意識の裏返しなのである。

ところが、この距離感とはあくまで〝ポーズ〟で、心の奥底では相手に甘えたい、何かしてもらいたいという強い思いがあるにもかかわらず、ふだんは自分でフタをして閉じ込めているのである。

そんななか、思わぬところで他人から好意を受けると、閉じ込めていたはずのこの欲求が刺激されて、他人との距離が測れなくなってしまうのだ。

まず、人から何かしてもらったら「ありがとう」と言おう。感謝の気持ちを素直に表したとしても、それは自分と相手との間に保っておきたい適当な距離感を壊すことにはならないからだ。

自分も気づかぬうちに、心に高い壁を築いていると感じたら、まず、この「ありがとう」の習慣からやり直してみよう。

遠慮して生きていないか
いえいえ
もう、そんな…
遠慮がちな人ほどじつは「人に甘えたい」という気持ちが強い
甘えたい
人に見せまいと心にフタをしている
＝
人間関係が深まらない
どうする？
「ありがとう」と言ってみる
＝
心がオープンになる
人間関係が深まる

努力することが楽しくなる3つのコツ

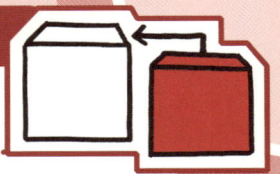

努力が楽しくなる3つの方法

1. すべてにおいて効率を考える
2. 具体的な目標を立てる
3. 努力を目で確認できるようにする

目標達成をした日のカレンダーを塗りつぶすなどして、努力したことを目に見える形で残す

「時間がもったいない」という気持ちがもしあれば…

仕事のスピードアップを図りたいと思うあまり、目先のスキルやテクニックにばかり気をとられてしまう人がいる。その前に、まずは時間を惜しむ気持ちを強く持つべきである。時間は限られたものだという意識を強く持てば、自ずと効率のいい手順がみえてくる。そこからはじめて身につけたスキルやテクニックを活かせるのだ。

努力が実を結ばないのには理由がある

一代で年商10億の企業を築いたとか、地道な研究を続けて世界的な発見をしたという人は、成功の陰で人知れず努力をしているものだ。

しかし、一方で努力はしているけれど、それがなかなか形になって現れてこないという人もいる。この差はどこからくるのだろうか。

その答えは「努力の質と内容」にある。ただ闇雲に努力するのではなく、成功者にならって次のことを意識してみよう。

まずひとつ目は、すべての仕事において効率化を考えるということだ。

努力が実を結ばない人というのは、効率をないがしろにしていることが多い。がむしゃらにがんばってはいても、ハタから見れば非効率で無駄も多いのだ。

そこで、今のやり方を総点検して、もっと簡単にできるところと、やらなくてもいいところを洗い出し、努力のスリム化をはかるのである。

2つ目にやるべきことは、具体的な目標を立てることだ。いきなり大げさな目標をたてるから、実行できず絵に描いた餅になってしまうのである。むしろ、身近なことで少し努力すれば達成できそうなことを掲げてみるのだ。

それをクリアしたら、また次の目標を立てる。この繰り返しが大きな目標に近づくコツなのである。

そして、3つ目は努力したことを目で確認できるようにすることである。基本的に努力は目に見えないものだが、これを形にするとモチベーションがアップする。たとえば、手帳にその日の仕事の内容や目標達成の優先順位など、成果を自分なりに書き込んでいくのである。

この3つをうまく組み合わせていくと、「やらねばならない」という気持ちが「やりたい」という気持ちに変わってくるのだ。

いくらけなげに取り組んでも、効率が悪いと目標が遠ざかるばかりでやる気をなくしてしまう

少し努力をすれば達成できそうな具体的な目標を立て、段階的に努力を積み重ねていく

この3つを積み重ねることで、「やらねばならない」という気持ちが「やりたい」に変化する

1 2 3 1 2 3 1 2 3

自信がみなぎる姿勢、相手を不安にさせる姿勢

自信がみなぎっている人はこんな姿勢

顔が正面を向いている
胸が開いている
背すじがピンと伸びている
自信がありそう、頼りになりそうという印象を与える
ヒザが伸びている

人に不安を与えるのはこんな姿勢

うつむきがち
猫背
いつも肩を落としている
姿勢がゆがんでいる
ヒザが曲っている
歩幅がせまい
何においても自信がなさそうな印象を与える

姿勢に表れているのはその人の「心」

不安を与える姿勢をしている自分に気づいたら、その場で姿勢をシャンと正そう

人生も売り上げも“たかが姿勢”に左右されていた

買い物に行ったときに、背中を丸めてうつむきがちに接客をしている店員がいる。そういう人に商品を勧められても「買っても大丈夫かな」と不安を感じてしまうものだ。

失望した状態を表現するのに「肩を落とす」などというが、実際に自信がなかったり落ち込んだりすると、人はついうつむき加減になってしまうものである。

どんなにいい商品や企画でも下を向いたり猫背になっていたりすると、その評価は低くなってしまう。

逆に、自信に満ち溢れてやる気がみなぎっている人は、顔が上向きになるので自然と胸を張った姿勢になる。堂々と説明することができれば商品の評価は自然と高くなるのだ。

重要なプレゼンや打ち合わせがあるときなどは、自分の姿勢をチェックしよう。背筋をピンと伸ばし、正面を向いて口角を上げ、笑顔をつくる練習をするのだ。

打ち合わせ中も、首がうなだれないように気をつけて、しっかりと前を見るようにするといいだろう。

人はほんの少し姿勢を直すだけで明るく前向きな気分になれるし、仕事にも積極的に取り組めるようになるのである。

リラックスした状態に自分を持っていくちょいワザ

自分に自信がもてない人は、そうでない人よりも何かと緊張することが多い。何か新しいことを課せられるたびに「失敗しないだろうか…」と神経が過敏に反応してしまうからだ。そうなるといくら眠ろうとしても神経が冴えてしまう。こんなときは、仰向けに寝てお腹に手を当てて、呼吸するたびにお腹が膨らんだりへこんだりするのを感じるだけで、驚くほどリラックスできる。興奮状態にあるときには、気づかないうちに呼吸は浅くなるが、寝ているときは腹式呼吸になって呼吸は深くなる。つまり自分の呼吸を意識的に深くし、寝ているときと同じ状態を作り出してリラックス状態に持っていくというわけだ。もちろん、夜眠れないときだけでなく、仕事中などに緊張感が高まってしまったときに試しても効果がある。

仰向けに寝転んで、お腹に手を置き、呼吸に集中する

新しいことにチャレンジするのが怖い本当の理由

足を打つとかなり
痛いし…
バランスを
崩すかも…
体が震えて止まら
なくなる…
やっぱり
やめようかな…

一歩踏み出せないのは、過去の失敗がトラウマになっているせい

失敗をどうとらえるかで次の行動力が変わってくる

慎重な性格の人を「石橋を叩いて渡る」タイプなどと言ったりするが、世の中には慎重すぎて失敗を極端に恐れる人がいる。こういう人は石橋を叩きすぎて橋を壊してしまい、結局自らチャレンジするチャンスを逃してしまっているのだ。

このように新しいことにチャレンジできない人は、過去の失敗がトラウマになっていることが多い。過去に味わった苦い経験を思い出して「また失敗するのでは…」と消極的になってしまうのだ。新たなことに挑戦するなどもってのほかで、不安でしかたがないのだ。

一方、目標を次々に達成して順風満帆に見える人も、もちろん失敗を経験したことがないわけではない。しかし、こういう人は失敗することをたいして痛手だと思っていないのだ。むしろ、失敗した原因を積極的に追究して、次に活かそうと考えている。失敗というよりは次へのチャレンジの布石とポジティブにとらえるのである。

また失敗するかもという不安が先に立ち、どうにも一歩前に進めないという人は、あえて足元を見るのをやめてしまおう。そして、少

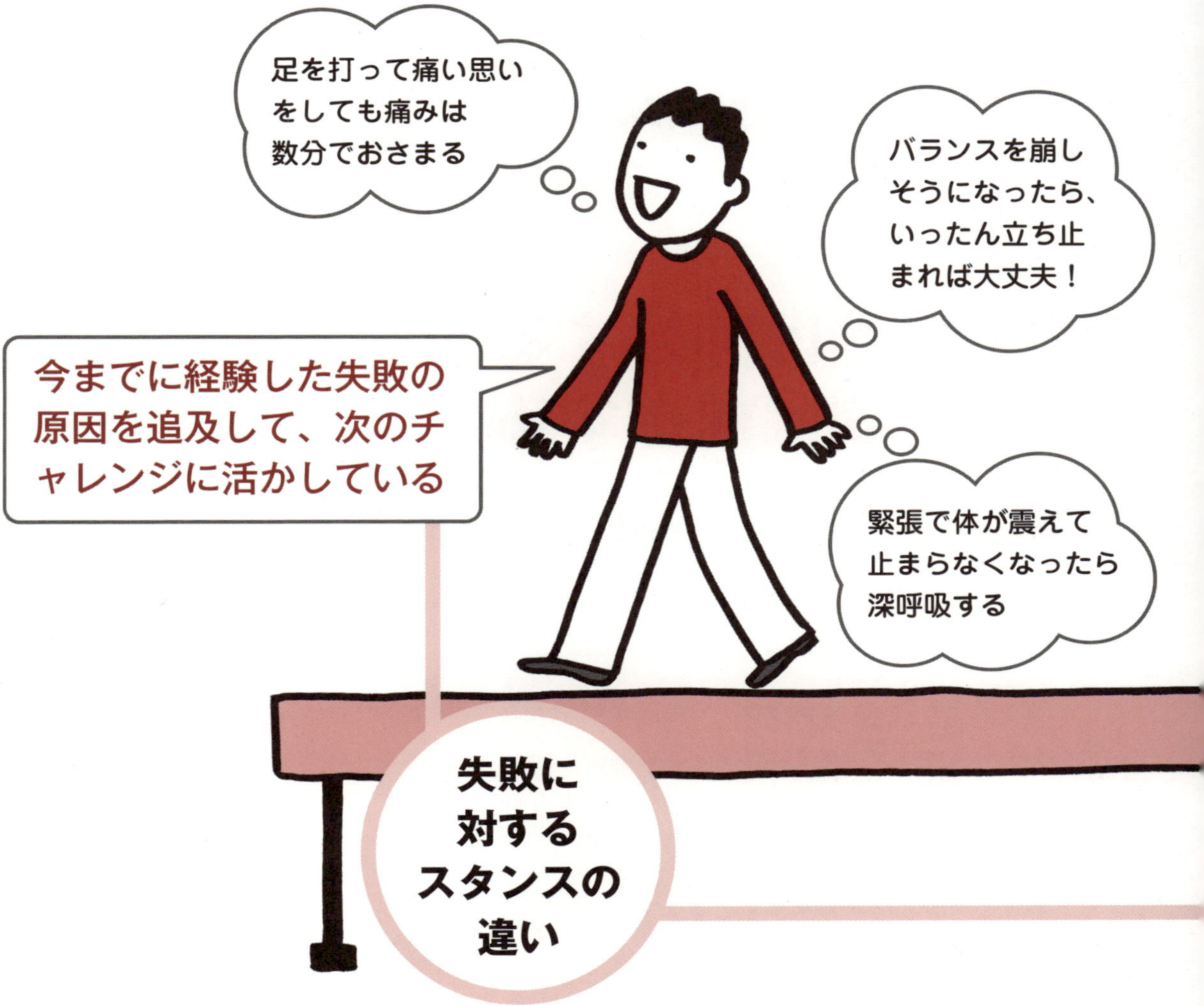
足を打って痛い思いをしても痛みは数分でおさまる
バランスを崩しそうになったら、いったん立ち止まれば大丈夫！
今までに経験した失敗の原因を追及して、次のチャレンジに活かしている
緊張で体が震えて止まらなくなったら深呼吸する
失敗に対するスタンスの違い

し先にある目標に意識を集中させるのである。

石橋を見ないで、石橋を渡った先にある風景を見るのである。向こう側に渡りきったときのことだけをイメージして足を踏み出すのだ。

さらに、目標達成までのルートを複数考えるのもいい。A案、B案、C案といくつかのやり方を準備しておいて、AがダメでもBがあるというように気持ちに余裕を持たせるのだ。

たとえ失敗しても、可能性が少し減っただけだ。まだやり方はたくさん残っていると考える。この考え方を何度か繰り返しているうちに、いつの間にか石橋を渡りきって、成功のためのコツをつかんでいるはずだ。

いつも「腰が重い」のは失敗が怖いことの表れ!?

やらなければならないことがあるのに、もっともらしい言い訳ばかりをしてギリギリまで腰を上げない人がいる。これは、うまくできなかったり、悪い結果になって自分が傷つくのを恐れて「自己愛」が行動をセーブしているのだ。

心を強くする「名言」

深く落ち込んだり、心が折れてしまいそうになったら自分を悩ませているものからいったん心を離してみよう。そして「生きるとは何なのか」などと、人生を客観的に俯瞰してみるといい。先人たちの残した言葉には、やる気を起こさせる名言が数多く残されている。

自然は回転するが
人間は前進する。

——ヤング「夜の瞑想」

平凡な人生こそ真の人生だ。
実際、虚飾や特異から
遠く離れたところにのみ
真実があるからだ。

——フェーデラー「窓辺で」

人間死ぬまでは、
幸運な人と呼んでも
幸福な人と申すのは
差し控えなければなりません。

——ヘロドトス「歴史」

人生とは、とどまることなき変化である。
つまり、肉の生活の衰弱と
霊の生活の強化・拡大である。

——トルストイ「読書の輪－5.9」

人間は誰ひとりとして
つつがなく、わざわいなき
一生を送りえない。

——アイスキュロス「供養する女たち」

心というものは、
それ自身一つの独自の世界なのだ、
——地獄を天国に変え、
天国を地獄に変えうるものなのだ

——ミルトン「失楽園」

わが道に茨多し
されど生命の道は一つ
この外に道なし
この道を行く

——武者小路実篤「人生の言葉」

幸福とは習性である。
それを身につけるがよい。

——ハバード「千と一つの格言」

参考文献

●本書の執筆にあたり左記の文献等を参考にさせていただきました。

『らくらく入門塾心理学講義』（渋谷昌三／ナツメ社）、『なぜ、あの人は〝人付き合い〟が上手いのか』（和田秀樹／ゴマブックス）、『なかなか決められない！損な人たちの心理分析』（齊藤勇／大和書房）、『自分がわかる！相手がわかる！使える！心理学』（菅野泰蔵監修／洋泉社）、『幸運をつかむ人の心理学』（渋谷昌三／文香社）、『人間関係がラクになる心理学（愛蔵版）』（國分康孝／PHP研究所）、『イヤな気分をうまく手放す気持ちの切り替え方 落ち込み・不安・怒りとつきあう心理テクニック』（最上悠／PHP研究所）、『人の心がこわいほどわかる深層心理トリック』（樺旦純／日本文芸社）、『面白いほどうまくいく心理戦術』（渋谷昌三／東洋経済新報社）、『相手をどう読み自分をどう見せるか』（齊藤勇／日本実業出版社）、『おもしろくてためになる心理学雑学事典』（渋谷昌三／日本実業出版社）、『大事なときに緊張しないですむ方法 肩の力がフッと抜けるリラックス術』（松本桂樹／大和書房）、『齋藤式潜在力開発メソッド』（齋藤孝／マガジンハウス）、『やる気の育て方』（海原悠雲／インフォトップ出版）、『「仕事がイヤ！」を楽にするための本』（笹氣健治／秀和システム）、『自分は評価されていないと思ったら読む本』（小笹芳央／幻冬舎）、『Ｈａｐｐｙ名語録』（ひすいこたろう+よっちゃん／三笠書房）、『「行動力」で成功する人の7つの習慣』（植西聰／KKロングセラーズ）、『ビジネスセンス10倍アップ土曜日力の鍛え方』（小石雄一／明日香出版社）、『自分に気づく心理学（愛憎版）』（加藤諦三／PHP研究所）、『仕事を「すぐやる人」の習慣先送りにしないテクニック』（「ＴＨＥ21」編集部編／PHP研究所）、『他人は変えられないけど、自分は変われる！』（丸屋真也／リヨン社）、『心理分析ができる本』（齊藤勇／三笠書房）、『急いでいるときにかぎって信号が赤になるのはなぜ？』（セルジュ・シコッティ著、神田順子・田島葉子訳／東京書籍）、『「こころのピンチ」を救うシンプルな考え方』（和田秀樹／新講社）、『人生を好転させる「新・陽転思考」事実はひとつ考え方はふたつ』（和田裕美／ポプラ社）、『「こころ」の発見〝本当の自分〟はどんな人間か？』（渋谷昌三／文香社）、『こころが軽くなる気分転換のコツ』（大野裕／大和書房）、『必ず！「プラス思考」になる7つの法則 たったこれだけの習慣考え方』（和田秀樹／新講社）、『「プチ楽天家」になる方法 こころのお医者さんが教える』（保坂隆監修／PHP研究所）、『「プラス思考の習慣」で道は開ける』（阿奈靖雄／PHP研究所）、『心理操作で人は9割動く！「こんなことだけで⁉」なぜ、相手の心が動くのか？』（樺旦純／三笠書房）、『ＴＨＥ21 ２００６—11、２０１０—04・07・08・10』（PHP研究所）、『ダーナ２０１０夏号』（佼成出版社）『プレジデントＦａｍｉｌｙ２００９・09』（プレジデント社）、『弱者だから勝てる「伝説の営業マン」と呼ばれて』（扇子忠／三笠書房）、『発想戦略 頭を柔らかくして心を強くする本』（稲垣吉彦／大和出版）、『世界名言集』（岩波書店編集部編／岩波書店）、『世界名言辞典』（梶山健編／明治書院）ほか

〈ホームページ〉
エキサイトニュース、ほか

※本書は、２０１１年1月に小社より刊行された『1日1分！できる大人の心を強くするツボ』（おもしろ心理学会編）を大幅に加筆・修正のうえ、再構成したものです。

監修者紹介

匠英一（たくみ　えいいち）

1955年和歌山県生まれ。デジタルハリウッド大学教授。東京大学大学院教育学研究科を経て東京大学医学部研究生修了。1990年に（株）認知科学研究所を設立し、専門である認知科学の立場から無意識や直感、しぐさ行為の働きを研究する。それをマーケティングや営業、問題解法などのビジネスに応用して、1992年に心理療法の学会「日本エリクソンクラブ」や、2010年には「ビジネス心理士協会」（副会長）他の多数の業界団体を創立。現在は医科大学の講師も兼任しながら、多数の企業で経営心理のコンサル・研修などに従事する。

著書には『知識ゼロからのビジネス心理術』（幻冬舎）、『これだけは知っておきたい「心理学」の基本と実践テクニック』（フォレスト出版）、『図解でわかる心理マーケティング』（日本能率協会マネジメントセンター）ほか多数。

「強《つよ》い心《こころ》」を身《み》につける1日《にち》1分《ぷん》の習慣《しゅうかん》

2011年 8 月 5 日　第 1 刷
2012年11月20日　第 3 刷

監修者　匠《たくみ》　英一《えいいち》

発行者　小澤　源太郎

責任編集　株式会社 プライム涌光

電話　編集部　03（3203）2850

発行所　株式会社 青春出版社

東京都新宿区若松町12番1号〒162-0056
振替番号　00190-7-98602
電話　営業部　03（3207）1916

印刷　大日本印刷　　製本　フォーネット社

万一、落丁、乱丁がありました節は、お取りかえします。

ISBN978-4-413-11026-6 C0011